Sabores de Nayarit
ICÓNICO

Sabores de Nayarit
ICÓNICO

Alondra Maldonado Rodriguera

Fotografía Roberto Zepeda

Primera edición: 2016

© De la fotografía, Roberto Zepeda
© Alondra Maldonado Rodriguera, 2016
© 2016 de esta edición Editorial Pax México, Librería Carlos Cesarman, S.A.

TEXTOS, INVESTIGACIÓN DOCUMENTAL Y CUIDADO EDITORIAL
Alondra Maldonado Rodriguera

DISEÑO Y FORMACIÓN
Quinta del Agua Ediciones

ISBN: 978-607-9472-07-8

Impreso en México

A las manos anónimas,
incluyendo las de mi madre

Contenido

Introducción

Sin fuego no hay hogar; sin cocina, cualquier lugar que
se habite podrá concebirse como un refugio, una estancia temporal, pero jamás será el espacio que posibilite
un presente forjador de destino. Porque la cocina la lleva-
mos guardada en la memoria.

Alma Vidal

Recuerdo cuando me fui a vivir a la ciudad de México a estudiar,
tenía 18 años. Empecé a conocer amigos y al escuchar mi acento la
pregunta obligada era:

–¿De dónde eres?

–De Nayarit– respondía. Para mi asombro, no entendía cómo las personas que tenía frente a mí habían pasado la escuela primaria, y menos cómo
habían llegado a un grado universitario, pues la respuesta que le seguía era:

–¿De dónde?– o –¿Está cerca de Colima?–. La gran mayoría no sabía dónde
estaba mi estado o, los más despistados, ni si quiera que existiera.

Las amistades se fueron entablando y por supuesto que lo primero que
hacía era ubicar en el mapa mi añorado estado natal. Al cabo de unos años,
tuve un gran antojo de comer los mariscos como en mi tierra, así que junto con
mi amiga Dulce, nos dimos a la tarea de buscar, sin éxito, en la gran ciudad,
un restaurante de estilo nayarita. Nos encontramos diversas propuestas que
daban a conocer otros estados de la república a través de su cocina, pero la
nuestra permanecía en el anonimato. No obstante, cada vez que en casa reci-
bíamos alguna visita, mexicana o extranjera, todos quedaban fascinados con la
comida. Fue así como la semilla de este libro inició su gestación.

Mi incursión al mundo profesional de la gastronomía tuvo varios derro-
teros, pero antes de encontrar el camino que me apasiona, las letras me formaron. Ahora que lo reflexiono, el camino siempre estuvo ahí, pues desde
que recuerdo, la cocina ha sido mi forma de expresión más genuina. Llegó el
momento que decidí ser cocinera y abrí un restaurante en el que tuve muchas
satisfacciones; sin embargo, la sensación de caminar en tierra pantanosa siempre estaba latente y la inquietud de estudiar para hacerlo profesionalmente
se fue acrecentando. Al poco tiempo de transitar en este camino, conocí a
quien fuera mi esposo, él siendo de nacionalidad argentina, también quedó
cautivado por la gastronomía nayarita y me lanzó la pregunta, ¿dónde puedo

encontrar un libro de cocina nayarita? Me di cuenta que todavía existía un vacío en la difusión de nuestra culinaria. Luego me lanzó una pregunta más atrevida:

–¿Por qué no haces tú un libro de cocina nayarita?

–Porque no soy experta, en realidad no la conozco.

–Pero eres nayarita y tienes el sazón.

Sinceramente me pareció algo irrealizable y tan siquiera pensarlo era presunción. Con el paso del tiempo nos embarcamos en un viaje a Argentina para que yo estudiara finalmente las técnicas culinarias. Al cabo de un año fuera de México, me encontró la nostalgia; corrí al barrio chino en busca de camarón fresco, camarón seco, limones, cilantro, pescado, harina de maíz nixtamalizada para poder transformar estos ingredientes y darles el toque nayarita. Para mi sorpresa, esta comida que consideraba sencilla y cotidiana fue una revelación para mis invitados. Comenzaron a indagar sobre mi tierra y orgullosa les mostré fotografías de atardeceres encendidos en San Blas, La Tovara, Bucerías, etcétera; al mostrarles las fotografías les contaba que al salir de la Tovara se podía comer una lisa tatemada en mangle y que en San Blas lo típico es comerse un pescado zarandeado, ¡ah! Pero infaltables los sopes de ostión en la noche, el pan de plátano, la lista continuó y me di cuenta que de casi todos los lugares de lo que tenía fotografías había algo muy rico que comer. Estando en tierras muy lejanas tuve conciencia de la plenitud de sabores que se disfruta en Nayarit, en un entorno de exuberante naturaleza.

Habiendo aprendido que el camino "se hace al andar" con mucha curiosidad, finalmente me aventuré a investigar la gastronomía de mi estado. Al principio sólo me quise enfocar en la parte más visible, los mariscos. Todo iba bien, hasta que afortunadamente, al inicio de mi recorrido fui a una población llamada Huajicori y ahí alguien me dijo:

–Mi tía Lencha, hacía un mole bien rico.

–¿Un mole?– respondí. Recordé mis primeras amistades en la ciudad de México, cuando me decían desubicados, "¿Nayarit?" Se supone que los moles son poblanos, oaxaqueños, pero no nayaritas. Este hecho me sorprendió con su sabor y elección de ingredientes. Entonces supe que Nayarit es mucho más que mariscos y tomé la decisión de conocer todo el estado incluyendo nuestros pueblos originarios.

De este trabajo de investigación nace *Sabores de Nayarit. Tierra ardiente, cuna de valientes*. Un libro en gran formato, donde el diálogo constante entre imágenes, relatos de viajes y recetas fue el tema medular. No obstante, pronto se evidenció la necesidad de contar con una versión más accesible en todo sentido: fácil de llevar a la cocina sin temor a que se manchara, de transportar, accesible para todos los bolsillos, sobre todo, para los estudiantes de gastronomía. Como respuesta nace *Sabores de Nayarit. Icónico*. Bienvenidos a esta maravillosa edición, donde el fenómeno culinario es la estrella, sin perder el espíritu antropológico geográfico y social que representa.

Aquí podrán descubrir los ingredientes más utilizados que dan identidad a nuestros aromas y sabores; aprender cuáles son los productos que son parte de nuestra cotidianeidad, su método de elaboración e historia de los artesanos. En la segunda parte, encontrarán las recetas más representativas de las distintas regiones del estado, catalogadas según su origen. No obstante, antes de apresurarse a la cocina, lo invito a disfrutar conmigo la experiencia que me ha hecho más nayarita, más mexicana, amante del maíz, mi estancia entre coras y huicholes.

Este libro es el resultado de 230 días de viaje, 4 500 kilómetros recorridos, 46 poblaciones visitadas y el diálogo con más de 230 personas. ¡Buen provecho!

Alondra Maldonado Rodriguera

Agradecimientos

Si he visto un poco más lejos es porque me he subido en hombros de gigantes

ISAAC NEWTON,
Carta a Robert Hooke, 5 de febrero de 1675

Este proyecto surge ante el vacío en la difusión de la gastronomía de nuestro estado, cuya investigación tuvo encuentros más allá de mis expectativas. Si he podido llevar a buen puerto este proyecto es gracias a que la vida puso en mi camino gigantes sobre los cuáles me pude apoyar para tomar impulso.

Agradezco a mi padre, don Raúl Maldonado, quien me enseñó a buscar lo que me gustara hacer y perseverar en ello.

A mi madre, doña Rebeca Rodriguera, que me animó a tener fe, esa fe que mueve montañas, a no temerle a la vida, a caminar en confianza; virtudes sin las cuales no hubiera podido salir a pescar en la oscuridad de la noche, ni la seguridad de andar por montañas desconocidas, ni hubiera podido confiar en la bondad de la gente extraña.

Gracias a Calixto Gattás, por haber sembrado en mí que yo podía hacer un libro de gastronomía nayarita; a mi primo Roberto Zavala Maldonado, quien desde que le conté de esta locura creyó en ella y no dudó jamás. Luego, al cabo de dos años me animó a realizarla.

A mis hermanas Rocío, Lilián, Rebeca y Florencia, porque todas ellas son aguerridas en la búsqueda de sus sueños. Gracias Rocío, por haber estado siempre pendiente del avance de esta investigación y acompañado a Jesús María. Gracias hermana Rebeca, por ser mi mecenas en momentos de vacas flacas, por tu maravillosa hospitalidad, porque tu perseverancia siempre me ha servido de ejemplo. Gracias Florencia y Lilián por impulsarme siempre en mi andar culinario y compartir brevemente la última degustación.

Enrique Correa, por permitir que parte de tu obra fotográfica sea parte de este libro y por tu hospitalidad junto a mis sobrinos Mariana y Andrés.

Miriam y Homero Martínez, porque desde la gestación del proyecto me impulsaron, apoyaron y ayudaron.

Gracias Norma Fernández, que en calidad de amiga personal, me alentaste a realizar el proyecto, convencida que era de gran importancia en la difusión cultural de nuestro estado.

Agradezco a mi cuñada Elizabeth González, por su compañía en la primera parte de mi recorrido, así como su ayuda para rescatar algunas recetas de mi madre que yo no tenía en la memoria, pero sí en mi paladar. También, a sus amplios relatos sobre la comida de su infancia, que liberaron mi visión acotada.

Lourdes Acosta Medina y Fernando Zavala Maldonado, mis queridos primos por facilitarme manteles, ollas, platones y cualquier cosa que fui requiriendo en el camino. Prima, eres un pilar en mi vida.

Gracias a lo particular de las virtudes infundidas por mis padres, pude sin apoyo financiero de ninguna asociación o gobierno, arrojarme a esta aventura que requería no sólo de mí. Es cuando entran dos personas fundamentales en tiempos distintos: Roberto Zepeda y Keyla Navarro. "¡Ay Alo, sólo a ti se te ocurre hacer este libro sin dinero, y a nosotros seguirte!", me dijo Keyla, una mujer incansable, comprometida, no olvidaré que incluso el último día de desarrollo de recetas, estuviste inquebrantable con tu hija en brazos, siempre con una gran sonrisa a flor de piel. Gracias a que accediste a trabajar en el proyecto pudimos estandarizar 150 recetas en tan sólo 15 días en una cocina no profesional. Gracias Roberto Zepeda, porque a pesar de las circunstancias y las muchas pruebas, estuviste siempre al pie del cañón, gracias por tus palabras de aliento y el respaldo que recibí de ti durante las largas jornadas de viaje, toma de fotografías y lectura cuando yo deseaba alguna fotografía en especial. Iniciamos siendo colegas de trabajo y concluimos siendo amigos, sin tu compañía para hacer ooooommmms en la carretera, dudo que hubiera continuado en el proyecto.

Gracias Javier Bernal, Alejandro Encarnación y Noé Moreno por posponer actividades personales con el fin de pasar tardes enteras degustando los platillos que preparaba, emitir su opinión, alentarme en el proyecto y convertirse en el departamento de difusión en redes sociales.

Maestro Pedro López González, por acceder a realizar la breve historia de la mesa nayarita y a Alma Vidal por la realización de tan sentido prefacio.

Como un tributo quiero mencionar a todas las personas que en diferente medida contribuyeron a la realización de esta investigación; pues nada de esto hubiera sido posible sin la humildad de espíritu y generosidad de alma de cada uno de los generadores de la gastronomía nayarita. Una vez que supieron del proyecto, participaron sin recelo contándome sus recuerdos, recetas y en algunos casos enseñándome durante largas horas tras el fogón.

- Fernando y Chela Zavala Maldonado
- Gloria Rodríguez González
- Doña Flora Habana Figueroa
- Gloria Rodríguez Llamas
- Carlos Rodríguez Benítez
- Eva Zaragoza Bernal
- Ricardo Ramos Zaragoza
- Caro Mengibar
- Rocío Meza
- Doña Chayo Pérez
- Laura Parra
- Doña Marta González Cambero
- Héctor Amarillas
- Ricardo García
- Agustín Mú Rivera
- Silvia Patricia Mú Bermúdez y Jesús Mú
- Sra. Ramona de Mú y Fernando Javier Godoy
- Carlos Ríos y a tu esposa Paty
- Doctor Agustín Bishop y familia
- Tío Miguel Robles y tía Teodora
- Tía Domitila Robles
- Carmen Robles
- Micaela González
- Maestra Victoria
- Hermelinda López
- Liboria Juárez
- Briseida de la Cruz
- Porfiria Morales
- Cruz Cedano
- Yolanda García
- Ana María de la Cruz
- Alejandra Ramos
- José Castañeda y su esposa Alejandra
- Manuel Ruiz y su esposa Elsa Cedano
- Sirenia de Castañeda
- Erick Ruiz, su esposa Martina Castillo e hijos, Samuel, David y José Luis
- Rosario Páez Díaz
- Gabriel Carrillo Sánchez
- José de Jesús Díaz Vázquez
- Benjamín Mayorquín Guerrero
- Judith Sierra
- Doña Tita del botanero *El atracón*
- Carmen Arámbula
- Olga y Mary Cruz Bobadilla
- Don Ismael Zeferino, su esposa Rutilia Laureano e hijos, Marco, Leovi, Rubén y Ernesto
- Teresa Ramírez López
- Aurora Flores
- Sra. Marta de Langarica
- César Peña Messinas
- Doña Nacha Robles
- Amparo Irene Crespo
- Toño Fonseca y su esposa Rosalía
- Candelaria Amparo Díaz
- Charlotte de Santa Cruz de las Haciendas
- Delma Martínez
- Robinson y Chelina
- Lucía, Federico y Doña Carmen
- Joel Ramos
- Juan Bananas
- Iván y Rodrigo Tizcareño, a Joel y al resto de los chicos de la bodega *Tizcareño* en San Blas
- Miguel y Arturo Arias Herrera, de la ramada *El marinero* en Platanitos
- Agustín Vázquez
- José Luis Jiménez Guerrero
- Dora González
- Marco Valdivia
- Jan Marie Benton y Mark McMahon
- Restaurante *Don Pedro*
- Cristina Carrión Javier y su familia
- Olegario González
- Señora Paulina Arteaga
- Leticia González
- Lupita García Pinedo
- Señora Moni
- Margarita Suárez
- Pedro Ledezma
- María Teresa López González
- María de Luz Pérez Bañuelos
- Lucinda Villarreal Cambero
- Estela Ponce Juárez, a Juan Pablo, Daniel y Ramón Peña por su colaboración en la documentación de la nieve de garrafa.
- María Helena y Miguel Fernando Espinoza Ballesteros
- Dolores Corrales
- Chavón, del Rosario, Amatlán de Cañas
- Hortensia, Vicente e Irene Prado Quintero y Eduardo
- Dorotea Valdivia Martínez
- Jaime Carranza López
- Don Roberto López Flores
- Cipactli Meza Cueto
- Juan Medina y su esposa Manuela Plazola
- Benjamín Vivanco
- Pedro Gutiérrez Zepeda

Por último, agradeceré la comprensión de las personas que tal vez omito en este apartado del libro, deben saber que seré la primera en molestarse por el descuido.

El sentido sagrado del maíz

Todo está en tus manos, a veces el maíz es poco y lo rindes mucho cuando lo mueles; y en otras, el maíz es mucho y lo haces poco. Ahí sabes si el maíz está contento o triste contigo, y a ti, se te hizo mucho.

CRISTINA CARRIÓN, Gudalupe Ocotán

El maíz es una clase maravillosamente plástica de representación colectiva con la capacidad de movilizar fuertes emociones[1]

Dentro de los pueblos originarios a lo largo del territorio que hoy es México, hubo quienes a pesar de sus rasgos propios y distintivos, se caracterizaron por algunas afinidades y es por éstas que los estudiosos los congregaron en una región que llamaron Mesoamérica. Dentro de estas afinidades se encuentra la figura central del maíz como deidad, su domesticación, nixtamalización y vida en torno al ciclo agrícola de este cereal. Los diferentes procesos del maíz pusieron en marcha la creatividad de estos pueblos al idear herramientas para su molienda, cocción y conservación.

De manera personal, al escuchar la palabra Mesoamérica inmediatamente me transportaba al *Popol Vuh*, libro sagrado maya, que relata el origen del hombre surgido del maíz; luego, siguiendo una línea cronológica, pensaba en Cristóbal Colón y las Tres Carabelas. Como si el tiempo sagrado del maíz hubiese pasado. Como si estos pueblos hubiesen dejado su fundamento, aquello que los vincula entre la tierra y el cosmos. Recuerdo muy bien haber visto el tema de Mesoamérica en la primaria y seguramente estudié sus límites, pero no recordaba que Nayarit se incluyera en esta franja. En enero de 2013, entré por vez primera al mercado de Acaponeta, y me sorprendí al ver mo-

linos de mano en venta, así como molcajetes, bateas y algún metate. Todos elementos de molienda prehispánicos, a excepción del molino; me hablaba de una vigencia actual desconocida para alguien acostumbrada a los electrodomésticos y siempre en la búsqueda de la vanguardia en aparatos de cocina. Luego al ir a Huajicori descubro el uso común del maíz azul que yo asociaba con el centro y sur de México; en Jesús María encuentro ritos de fertilización de la tierra, así como maíz de colores y, ya interesada en el tema, leo el relato de la creación del hombre de maíz para los huicholes. Entonces mi cerebro rescató aquellas clases de primaria y Mesoamérica vino a mi mente. Busqué un mapa de esta región y efectivamente, Nayarit se encuentra al límite noroeste. Es decir, los pueblos originarios de Nayarit forman parte de esta cultura del maíz.

Después de una nutrida experiencia entre los coras y huicholes; concluyo que Mesoamérica está vigente y las afinidades en torno al maíz, que formaron este grupo, continúan latentes. Hoy en día, en México diversos ritos en torno al maíz se llevan a cabo: los coras y huicholes no son la excepción. Con el afán de poner en su justa proporción y valorar las recetas a base de maíz que presento en esta sección, quiero hablar del sentido sagrado del maíz, la comida ritual entre estos dos pueblos originarios y su vigencia en estas tierras nayaritas. Las reflexiones y anécdotas que comparto son producto de relatos de primera mano a través de la convivencia con habitantes de Jesús María y Guadalupe Ocotán.

El vínculo con el maíz es una relación viva, el maíz tiene sentimientos, se siente sólo, acompañado;

1 Paráfrasis de Arjun Appadurai. Marcelo Álvarez, en *Primeras Jornadas de Patrimonio Gastronómico, La cocina como patrimonio intangible*, Comisión para la Preservación del Patrimonio Histórico Cultural de la ciudad de Buenos Aires, p. 11.

triste o contento, y en base al trato que reciba producirá en abundancia o en escasez. A su vez, que el maíz es asociado con la capacidad reproductora femenina, tiene la psique infantil, "es como un niño al que debes cuidar y acompañar". Es un ser sin malicia, es un ser siempre dispuesto a dar.

Así, la vida de la comunidad está ligada a la vida del maíz, a su muerte y resurrección. El maíz marca el inicio y el final del año, las festividades giran en torno a esta fuente de vida. La siembra marca la despedida del maíz, es la muerte del maíz, el fin de año. La siembra es una actividad ritual muy importante que requiere de la participación de toda la comunidad, aunque cada familia organiza su propia siembra. Entre los huicholes, los hombres deben tener listo los pescados sacrificiales (bagre), las mujeres tortillas pequeñas de medio centímetro de diámetro, el tejuino (bebida, producto de la fermentación del germinado de maíz) y el cantador presente. Todo debe estar listo para la reina, uno de los calificativos del maíz. Concluida la ceremonia se procede a sembrarlo y ofrendarle tejuino, chocolate, sus tortillas, sangre de bagre, caldo de pescado. Adolfo, el esposo de Cristina lo define así:

–Este es su lonche para el viaje, para que tenga qué comer, dé fruto esta temporada, para que nos dé más mazorcas.

Los rituales en torno al maíz no se enfocan únicamente en la relación maíz-tierra, sino que inician con los ritos para que Tetei Aramara, diosa del mar, lleve el agua desde San Blas, hasta su coamil. Fernando Benítez nos ofrece el siguiente relato:

Aramara, diosa del Mar, eres una maravilla para nosotros tus hijos porque nos das de comer desde que Tatei Wérika Wimari nos echó en este mundo. Gracias a ti vivimos y comemos nosotros… Tú nos das el maíz (ikú) nuestro alimento. Tú nos das el agua para criar la milpa y nosotros como el labrador, como Watákame, el fundador, hemos trabajado desde el principio para alcanzar nuestra vida.[2]

2 Fernando Benítez, *Los indios de México. Los huicholes*, Era, México, p. 391.

Johannes Naurath interpreta diciendo: "La identificación de los huicholes con el maíz implica que el ciclo agrícola anual es también una metáfora de la vida humana… como una metáfora de los ciclos de creación y renovación del cosmos. La actitud ecologista de los huicholes no pone al hombre en el centro de la naturaleza, sino que plantea una alianza matrimonial con ella, donde el respeto y el buen trato son la base de la convivencia".

Adolfo me explica: –Cuando la milpa ha crecido aproximadamente medio metro o un metro se realiza el ritual del pollo, es cuando se desyerba, se limpia el coamil y se vuelve a alimentar. El alimento para la reina consiste en la sangre del pollo, si es posible, de venado, se le ofrenda más chocolate y tortillas chicas, para que siga creciendo. Por último, sigue la fiesta del tambor, es la fiesta de la cosecha. Cuando inicia la vida del maíz acompañada por las sonajas de todos los niños menores de cinco años. En todos los rituales la comida ceremonial para los participantes es a base de maíz, tejuino, tamales, atole. –Es pura alegría aquí, así convivimos–.

Por su parte, don Ismael, habitante de Jesús María (comunidad cora), me relata sin detallar que dentro de su cosmovisión, el relato que habla del origen del hombre representa al maíz como mujer. De la misma forma que las mujeres dan a luz desde sus entrañas y el hijo nacido es carne de su carne, es alimentado por la leche de sus senos. La madre da vida y sostiene esa vida alimentándolo; luego ese hijo, en reciprocidad, cuida de sus padres en la vejez. Así ellos deben cuidar al maíz.

–Nosotros tenemos nuestros rituales en un centro ceremonial, como el mitote. Cada familia tiene su propia fiesta. En junio se tiene la obligación que las personas que tienen maíz sagrado, el maíz rojo, ofrendarle su ritual. No debe pasar el mes de junio que es el tiempo de aguas. Es cuando se siembra el maíz sagrado. El maíz sagrado tiene sus quevres, cuando empieza a jilotear, se le debe llevar esta primicia a quien dio origen a la semilla, al dios de la lluvia Taboximua. Las nubes son nuestros abuelos y quienes nos ayudan a que se dé la cosecha. Luego sigue la fiesta del mitote (la del tambor para los huicholes), en torno al maíz sagrado, un maíz blando color rojo. Ese maíz nos representa, es el alimento de cada día y lo debemos de venerar. Hay dos personajes muy importantes dentro de la fiesta: una niña y un niño de cinco años. Estos niños representan a nuestra madre tierra y a un gran guerrero contra los males, a la estrella de la mañana. En el mes de octubre se hace otro ritual en honor a ellos. Se trae un bonche de elotes, se ponen a cocer y a tatemar. Primero se ofrenda antes de tomar nosotros el alimento del elote y se hace la fiesta del elote, luego la fiesta del esquite. Ese maíz sagrado, es personaje importante como nuestra madre. Se desgrana el maíz, se pone en el comal para tostarlo y toca de a granito, que va a estar en el altar hacia el oriente, de ahí sale la estrella mayor. Somos hijos del maíz, es la mujer, es la que nos alimenta, la que nos da la vida. Somos parte de ese maíz –relata don Ismael.

Tanto coras como huicholes coinciden en los sencillos tamales de frijol, tortillas y atole de maíz como su alimento ceremonial. El *Recetario del maíz* resume: "...así los hombres de maíz reconocieron el carácter divino de la planta y su grano, le otorgaron el culto adecuado según la etapa de su desarrollo y lo trataron con veneración y delicadeza". Luego de convivir con estos pueblos en sumo respeto a sus tradiciones concluyo, que el sentido sagrado del maíz es vigente y sin lugar a duda, a nosotros mestizos nos ha marcado. El maíz está presente de forma cotidiana en tortillas y atoles: blancos, agrios, dulce, de sabor y si es alguna ocasión de fiesta los tamales son parte del menú.

El maíz es elemento primario en la identidad mexicana, antes de los españoles había maíz, después de los españoles hay maíz; el maíz participa en la creación del universo, el maíz dador de vida, el maíz generoso ser que nutre, maíz ser de una plasticidad inagotable, multiplicidad de metamorfosis. Me atrevo a decir que el maíz es la "hostia" que une tanto a los coras, huicholes, resto de los nayaritas, a todos los mexicanos y, visto desde estas profundidades, la frase "sin maíz, no hay país", tiene un sentido sagrado. Digamos: No a los transgénicos en todo México.

Alejo Carpentier lo describe así en *El recurso del método*: "Pero, ahora, un tamal de maíz, alzado en tenedor, se acercaba a sus ojos, descendiendo hacia su boca. Cuando lo tuvo frente a la nariz, una emoción repentina, venida de adentro, de muy lejos, de

un pálpito de entrañas, le ablandó las corvas, sentándola en una silla. Mordió aquello, y, de súbito, su cuerpo se le aligeró de treinta años".

Nayarit también es centro de diversificación del maíz criollo

Ingeniero agrónomo Juan Aguilar Castillo

Se menciona que hace 10 mil años, en diversos sitios de Mesoamérica, región que comprende una línea irregular que inicia en Nayarit, cruza la parte media del país hasta Veracruz y culmina en Nicaragua, se dio un encuentro entre el hombre y plantas de teocintle, y a partir de ese momento se inició un proceso coevolutivo que dio origen a las plantas del maíz, sustento de nuestro pueblo y de la humanidad.

El maíz es una planta anual, monoica, de flores unisexuales, separadas en la misma planta. En la parte superior se encuentra la inflorescencia masculina que forma las espigas, en tanto que la inflorescencia femenina (mazorcas) se localiza en las yemas axilares de las hojas, que en lo general se desarrolla una o dos mazorcas por planta. Las flores pistiladas tienen un ovario con un pedicelo unido al raquis (olote), con un estilo muy largo donde germina el grano de polen, que al fecundar los óvulos del saco embrionario va a originar la formación de un grano de maíz con su embrión listo para germinar. Se pueden formar de 400 a 1 000 granos arreglados en hileras de ocho hasta 24 hileras por mazorca, envueltas en brácteas conocidas como hojas de totomoxtle, muy apreciadas para la elaboración de los tamales. Por lo anterior, la planta de maíz es de polinización abierta, propensa al cruzamiento con otras plantas de su género.

El grano del maíz está compuesto por el pericarpio, endospermo y germen. El pericarpio es como la piel del grano, contiene fibra cruda, principalmente hemicelulosa; el endospermo se compone en un porcentaje alto de almidón (amilosa y amilopectina) que dependiendo de la proporción en el endospermo permitirá sus usos culinarios o industriales. En tanto que el germen contiene gran cantidad de grasas crudas, así como proteínas.

Los primeros agricultores, apoyados en instrumentos sencillos y con un gran conocimiento del ambiente, seleccionaron y manipularon al maíz, que al pasar de los años se transformo en una gama de variedades que se agrupan en razas, de las que en la actualidad se conocen 59, que se distribuyen a lo largo y ancho del país.

Al tiempo que iniciaba la domesticación del maíz y se erguía como el cultivo principal de las culturas mesoamericanas, tanto en su sustento como en su cosmovisión, se dio el proceso de nixtamalización, donde la cocción del maíz con cenizas de hoguera permitía el ablandamiento de los granos e incrementaba su valor nutricional al disponer sus almidones y proteínas.

Por lo anterior, la diversidad del maíz en México es enorme, de ahí que sea considerado como el centro de origen y domesticación de este cultivo. En relación con Nayarit, en la primera exploración sistematizada hecha en los años cincuenta del siglo pasado se identificaron cuatro razas: Jala que se caracteriza por tener la mazorca más grande del mundo, y que es muy versátil para la elaboración de panecillos y gorditas de horno, también se consume en elote y pozole; Harinoso de Ocho, para uso en pozole; Reventador, para palomitas, y Tabloncillo, que tiene variedad de colores y tipos de endospermo, que le permite gran variación en su consumo, y del cual que se pueden elaborar buenas tortillas.

Sin embargo, la historia del maíz en Nayarit no era completa, ya que en 1970 un grupo de investigadores exploraron la Sierra del Nayar y encontraron nuevas variantes de maíz que hasta esa fecha no habían sido descritas, a las que les denominaron Raza Bofo y Tablilla de Ocho.

La diversidad de maíz en México se mantiene y se enriquece gracias a las comunidades rurales. Este sistema permite la conservación de los recursos genéticos del maíz, que constituyen la base de la alimentación y de la producción agrícola.

Entre la población rural se conoce que el sabor de las tortillas, el pozole, las gorditas y tamales con maíz criollo nixtamalizado en casa es muy diferente al uso de la harina comercial.

La elaboración del nixtamal no es difícil, a continuación doy una receta de cómo elaborarlo, una vez que está hecho lo pueden llevar a un molino, para su molienda.

- 1 kilo de maíz
- 2 litros de agua
- 10 gramos de cal

1. Colocar todos los ingredientes en una olla, ponerlos al fuego hasta que apenas rompa el hervor (97°C).
2. Deja reposar durante una noche.
3. Transcurrido este tiempo, tira esa agua que se llama nejayote, lava el grano para retirar la cal y el pericarpio.
4. Llevar a moler.

En Nayarit se utilizan dos tipos de moliendas:

1. *Payanado*: este es el tipo de molienda que se utiliza para algunas gorditas y tamales.
2. *Molido*: es el requerido para las tortillas.

Fuentes

Benitez, Fernando, *Los indios de México*, Era, México, 1979.

Recetario del maíz, *Cocina indígena y popular* 10, Conaculta, México, 2012.

Revista Artes de México, *Rituales del maíz*, México, 2005.

Neurath, Johannes, *Por los caminos del maíz, Mito y ritual en la periferia septentrional de Mesoamérica*, FCE/Conaculta, México, 2008.

Ingredientes: elección nayarita

Los productos, las piezas indispensables que conforman la identidad culinaria, los que definen la sazón nayarita.

Bernardo González

Las ollas de Nayarit han pasado por su proceso natural de elección de unos ingredientes sobre otros, lo que crea una identificación cultural, de ritos y tradiciones muy arraigadas. No deja de sorprenderme que los caldos, recaudos, moles y salsas comparten en su mayoría los mismos ingredientes básicos, la diferencia radica en su modo de elaboración o la inclusión de algún ingrediente.

El sabor de Nayarit es muy fácil de lograr si se tiene a la mano sólo cuatro chiles: tres secos y uno fresco, aunque sólo uno de ellos es fundamental, el chile guajillo. A continuación describo los ingredientes indispensables para lograr el sabor de esta tierra y su uso. Debido a que el nombre de los chiles varía de fresco a seco, así como de región en región, sólo mencionaré el nombre por el que es conocido en Nayarit y por medio de las fotografías usted podrá identificarlos.

Nayarit, al ser costa, tiene una amplia gastronomía de platillos a base de pescados y mariscos, no significa que los que aquí presento sean los únicos productos que su mar produce, sino que son la elección más socorrida a la hora de cocinar.

Chile cola de rata

Es un chile largo, esbelto, de color rojo intenso y muy picante, también se le conoce como chile de árbol. En el interior del estado es muy socorrido en la elaboración de salsas de mesa y es indispensable para ciertos caldos de mariscos y tamales. Otorga sabor, picor y color.

Chilacate

Es un chile seco de color negro, arrugado y con forma oval. No es tan utilizado, no obstante, en los platillos que se prepara es necesario para lograr el sabor característico. No es un chile picante, tiene un retrogusto ligeramente amargo.

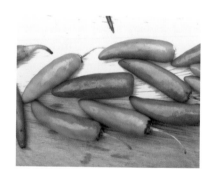

Chile serrano

También llamado chile verde, es un chile pequeño (cuando muy largo alcanza los ocho centímetros), alargado, color verde y cuando madura va cambiando a color naranja y rojo. En Nayarit se utiliza cuando es verde para obtener el sabor deseado. Este chile es indispensable cuando de mariscos y salsas de mesa se trata.

Chile guajillo

Es un chile seco alargado, sin arrugas y su color es más rojizo que negro, existe una variedad más larga que otra, la más chica tiene un picor pronunciado. La variedad larga tiene un picor muy bajo o nulo y sabor con un tono dulce, se conoce coloquialmente como chile de teñir o chilaca. La variedad larga y que no pica es la que otorga el sabor de Nayarit por excelencia. Está presente en casi todos los platillos, pasando por salsas, moles, caldos, pozole y recaudos. Debido a la sequía de la sierra, sustituye el uso natural del jitomate. Reitero, elijan la variedad que no enchila para lograr el sabor nayarita, de lo contrario los platillos quedarán muy picantes al grado que no será placentero al paladar.

Cilantro

Es una herbácea muy aromática, de tallo delgado y hojas muy dentadas. En Nayarit sólo se utilizan las hojas y tallos tiernos. Es indispensable en la elaboración de ceviches y salsas verdes.

Frijol azufrado

Es la variedad de semilla color amarillo de esta leguminosa que crece en vaina y mide aproximadamente 10 mm de largo. Esta variedad es el frijol nayarita por excelencia, es una elección inamovible y bajo ningún concepto se utiliza otro. Es la guarnición básica para la mayoría de los platillos y en ocasiones puede constituir un platillo principal.

Atún

Es un pez de gran tamaño, de piel gris, que habita en aguas profundas. Su carne es color rojiza, de muy buen sabor, de cocción delicada, pues si se sobre cocina se vuelve chiclosa. A pesar de que abunda en las costas de Nayarit, no es parte de la gastronomía tradicional. Este pez es exportado en su mayoría, sólo los restaurantes de corte gourmet en la franja de Bahía de Banderas y Tepic son quienes lo demandan localmente. La especie más apreciada es la aleta amarilla.

Camarón

Es un crustáceo que puede ser marino, de agua dulce o salobre. Su tamaño varía según la especie y puede alcanzar los 20 centímetros de longitud. Tiene la cabeza cónica, con un pico y barbas, las patas pequeñas, el cuerpo comprimido, cubierto por una coraza poco consistente y cola. Generalmente es de color gris verdoso y rojo al cocinarse. Nayarit cuenta con un sistema de manglar importante que inicia en San Blas y se extiende hasta Tecuala; es ahí donde crece el camarón de consumo tradicional, pues su sabor es intenso y no gusta ningún otro, a excepción del marino. Los pobladores de esta región tienen como alimento básico este crustáceo y han desarrollado recetas muy variadas en torno a él, cuando se les pregunta: –¿Cuál es la comida típica?– responden con tono de cansancio –Pues el camarón, oiga–. El camarón azul de gran talla crece en el mar de San Blas y es muy cotizado.

Camarón seco

De finales de agosto a noviembre, una vez que se levanta la veda, hay una abundancia de este crustáceo y como medio de conservación se recurre a una técnica de secado –que según algunos historiadores fue herencia de los chinos que llegaron a México a través de la Nao de China hacia 1800 y se establecieron en la zona de Mexcaltitán principalmente.

Esta técnica consiste en hervir ligeramente el camarón en agua con sal y después tenderlo en tarimas para secarlo al sol volteándose frecuentemente. Cuando se realiza bien la tarea de secado se logra una larga conservación. En general, se prefiere el camarón seco chico para cocinar, por su sabor y coraza delgada, pues sólo se necesita que se le quite la cabeza y la cola. El de tamaño medio se utiliza como botana.

Dorado

Es un pez que habita en alta mar, toma el nombre por su color dorado y azul iridiscente, antes que su lejanía del mar lo torne color gris. También se le conoce como mahi mahi. Se reproduce rápidamente en el océano por lo que es de los peces utilizados en la pesca deportiva. Su carne es ligeramente rosada grisácea buscada por su buen sabor, la consistencia no es fibrosa, por lo tanto no se requiere maestría para su cocción. En Nayarit se utiliza para zarandear, en ceviches o simplemente sellado.

Jaiba

Es un crustáceo semejante al cangrejo, de colores que varían según su madurez. Su caparazón generalmente es gris con matices azul verde. Al cocinarse adquiere un color rojizo. En temporada, basta con rascar un poco la arena para sacarlas y es común cocinarlas en caldo, empanadas o arroz.

Lisa

Es un pez pequeño, alargado, de cabeza achatada y oval, color plateado, habita en las aguas salobres. Su carne es blanca, de sabor intenso, definido y su hueva es muy apreciada, coloquialmente se dice que es el caviar de los pobres. En Nayarit se prepara principalmente tatemada.

Marlin ahumado

Es un pez de gran tamaño, cuerpo oval alargado, color azulado gris, con una vela en el dorso y pico. Existen tres especies: rayado, azul y negro, consumimos el rayado. Su carne es rosada, de sabor intenso y tradicionalmente, en Nayarit, es más común consumirlo ahumado que natural.

Ostiones

El ostión pertenece a la familia de los moluscos bivalvos, de la familia de las ostras. Es un alimento de alta calidad proteica.

Los ostiones abundan en Nayarit, sobre todo en la costa centro y norte del estado. Las variedades que aquí crecen se conocen como de piedra, raíz y placer o estero.

- *Ostión de piedra:* crece pegado a las piedras en el mar y es de gran tamaño.
- *Ostión de raíz:* crece entre las raíces del mangle. Tanto su concha como su molusco son pequeños, es ideal para zarandear.
- *Ostión de placer:* crece suelto en el estero, es la variedad que permite su "siembra" en conchas. Boca de Camichín es conocido en Nayarit por su ostión de placer. Al pasear por este poblado, el paisaje es constituido por montañas de conchas atravesadas por un hilo. Estas sartas se cuelgan de balsas y cuando el ostión desova, posa su huevo en estas conchas.

Los lugareños prefieren consumir el ostión fresco recién sacado del agua sin cocinar, sinceramente es un lujo que pocos se pueden permitir. Sin embargo, también han desarrollado algunas recetas en torno a ellos.

Pargo

Es un pez que habita cerca de los arrecifes, los atrae la luz y para pescarlos se utiliza un foco. Llega a tener un gran tamaño, cuerpo oval y escama color rosácea. Su carne es blanca, sabor pronunciado, con una franja de grasa a los costados y ligeras betas en el interior; por lo tanto, es uno de los pescados predilectos para zarandear o asar, porque la grasa se derrite con el calor y le confiere un sabor especial.

Robalo

Es un pez de cuerpo alargado color gris, que habita cerca de la costa, no come carnada muerta, le gusta los lugares oscuros como cuevas o cerca del manglar. Por lo general se pesca con arpón, no sin una intensa lucha previa. Su carne es blanca, siempre tierna, de sabor sutil, no invasivo, lo cual lo hace muy versátil al momento de preparar: zarandeado, crudo, asado o en caldillo.

Productos elaborados

Aquí está presente la bendita trinidad:
productos, procesos y personas.

BERNARDO GONZÁLEZ

Los productos comestibles que se procesan a partir de la materia prima, hablan de la inventiva de los pueblos, su historia e influencias. En esta sección describo brevemente los productos nayaritas más representativos, su proceso de elaboración y en algunos casos, su historia.

Productos lácteos

En las mesas de Nayarit hay cinco productos lácteos que son parte del sabor característico a lo largo y ancho de nuestro estado: jocoque, requesón, queso fresco, panela y queso seco que conocemos como adobera. En Nayarit, los quesos de la sierra de Huajimic y los quesos de Copales, en el altiplano, son los más conocidos.

En la capital, la elaboración de estos productos se enfoca en la producción fresca, es decir, sin añejar, siguiendo la demanda de productos bajos en grasa.

Hasta el día de hoy, la elaboración de los productos lácteos es artesanal. Para quienes tienen sus vacas, el día comienza a las 5 de la mañana para dirigirse al potrero. Primero arrean a las vacas al lugar donde serán ordeñadas y sus becerros las esperan en un lugar separado. Por turnos van eligiendo la vaca que se va a ordeñar y a su respectivo becerro le es permitido entrar. Me causa asombro cómo cada becerro sabe qué vaca es su madre y viceversa, además de los dueños del potrero. Una vez que el becerro se prende

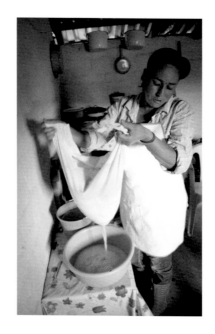

de la ubre, le da golpes y jalones que sólo una madre soporta, al cabo de unos minutos el becerro es separado, para luego ordeñar a la vaca. Esto se hace para que el becerro haga que la leche baje a la ubre y se facilite la ordeña. Después se libera al becerro para que termine de tomar su ración de leche del día. Casi al final de la ordeña, llega el momento de la barrosa o pajarito: a un vaso se le pone un chorro de alcohol o tequila, chocolate rallado o café soluble y ahí se ordeña hasta llenar el vaso de leche tibia recién ordeñada. La espuma que se forma ninguna máquina de café la logra. Es el empujón para terminar esta labor que requiere de práctica antes de lograr que salgan chorros nutridos.

La leche en la sierra y el altiplano también es utilizada en la elaboración de dulces de leche, ya sea de forma comercial o casera, y nieve de garrafa.

En esto de la elaboración de quesos hay muchos factores que influyen en el resultado final, que son independientes del método adoptado. Depende la raza de la vaca, si es tiempo de secas o de lluvias y la edad del becerro. La época de lluvias es la mejor, pues las vacas se alimentan con pasto de llanura y no de forraje. Hacia octubre, el pasto ya está más grueso que el de las primeras lluvias y los becerros más grandes, por ende, el requerimiento nutricional es mayor, la leche, producto de las necesidades del becerro y el pasto, es mucho más gruesa y el queso de esta temporada es más sabroso. Otro factor determinante en el sabor del queso, independientemente de la calidad láctea, es el tipo de cuajo que se utiliza para cortar la leche. El cuajo natural es el estómago de la res o del venado, que se curte y se conserva en suero con sal. Este líquido macerado es el que se utiliza para cortar la leche, por lo que los productos industrializados no son del agrado de los productores de la sierra.

Cuando la leche llega al lugar de elaboración, una vez colada a través de una tela fina, se le vierte el cuajo en la proporción que cada productor elige. Se deja reposar cuando menos una hora, después se procede a hacerle un corte en forma de cruz a la cuajada y se vuelve a dejar reposar para que se separe el suero. Una vez separada la cuajada del suero, con la ayuda de una tela muy fina se cuela para captar toda la cuajada. Si se va a elaborar panela, basta con maltearla (exprimirla) un poco, sólo para quitar el exceso de suero, se sala y se pone en canastos sobre una tarima de otates para que el suero caiga. Si de queso se trata, se maltea muy bien la cuajada, se sala, se muele, se le da forma en aros o canastos y si son para añejar se prensan. Cabe mencionar que para la obtención de este tipo de quesos, se utiliza leche entera y se necesitan 10 litros de leche para la obtención de 1 kilo de queso o panela.

La molienda tradicional, como dicen en la sierra "para el gasto personal", se hace en el metate. A continuación describo brevemente los distintos métodos utilizados en Copales, Huajimic y Tepic, así como la utilización de estos productos.

Espero lo disfruten.

Jocoque de Huajicori

Martina me enseñó el peculiar proceso de este jocoque: en lugar de elaborarlo de la leche entera, se hace de la crema. El proceso es dejar reposar la leche, después de ordeñarla, para que la crema suba. Ésta se va juntando en un frasco, se deja agriar y se sala. La consistencia es muy cremosa, gruesa y el sabor inigualable. Hace que quiera tener una vaca en el jardín de mi casa.

Panela y queso de Huajimic

Los quesos en Huajimic son elaborados principalmente por las mujeres, mientras los hombres trabajan en el campo. De acuerdo con Lupita García Pinedo, productora de quesos y panelas, lo fuerte de Huajimic, son sus productos añejos. La característica principal de esta región, es la hierbanís de los campos donde se alimentan las vacas, de ahí el sabor de sus productos lácteos, condición digna de una Denominación de Origen. La panela pasa por un proceso de malteado ligero, en donde sólo se extrae el excedente del suero, se sala y se pasa al chiquigüite que es colocado sobre una tarima de otate, después de 12 horas se voltea la panela dentro del mismo canasto y se deja estilar 4 días más antes de sacarla de su contenedor. Pasado este tiempo, ya fuera del canasto se pasa a otra tarima para que continúe secando.

El queso es añejo y tiene una durabilidad de más de un año. Una vez que se separa la cuajada se procede a maltearla muy bien dentro de un cedazo fino. Se exprime de forma manual y posteriormente se deja estilando con el peso de grandes piedras, para que libere el resto del suero de forma lenta. Se puede dejar así todo un día. Después se sala y deja añejar un día más, para posteriormente molerlo de dos a tres veces y que quede un cuajo muy fino. Se acomoda una servilleta de tela en cada chiquigüite, se rellena de cuajada presionándola hasta que quede un lomo encima del canasto, se cierra la servilleta de una forma especial, cuidando que no quede dentro del queso, porque crea hongos. Después, se pasa a una prensa durante 3 tres días, que se va apretando poco a poco hasta que suelta todo el suero. Se necesitan de 12 a 13 lts de leche para 1 k de queso seco. Este es el queso que se utiliza para las enchiladas, espolvorear tostadas, sopes, la sopa de hongos de la sierra, así como los chilaquiles, entre otros, también se pueden hacer quesadillas. Su sabor puede compararse con un parmesano molido.

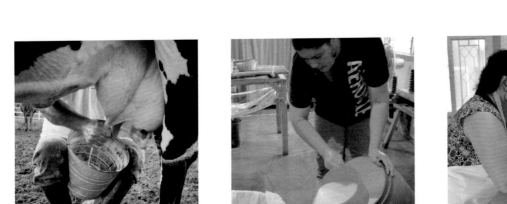

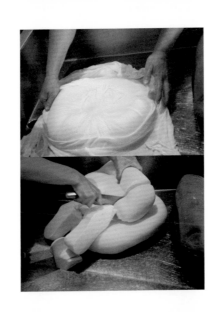

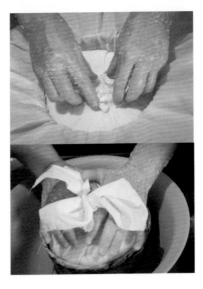

Panela y queso de Copales

Copales se encuentra dentro del municipio de Ahuacatlán, estos productos tienen años de tradición. Pedro Ledezma, quien aprendió de sus padres, es quien hoy en día se encarga de elaborarlos junto con sus hijos. Su producto más afamado es la panela, que tiene la particularidad de no maltear la cuajada antes de ponerla en los canastos. Su panela se puede consumir fresca, después de 24 horas de haberse elaborado o si se coloca sobre una tarima se puede dejar orear. Seca tiene un sabor característico que fácilmente puede evocar a los quesos maduros con otro tipo de hongos.

El queso que producen es el queso llamado fresco, ya que la cuajada está separada, se procede a exprimirla dentro de un cedazo, para luego salarla, molerla y prensarla en aros. Este queso se desmorona fácilmente. Al igual que la panela gusta mucho para espolvorear los frijoles, hacer quesadillas, rellenar chiles, etcétera.

Productos lácteos de Tepic

Uno de los productores más representativos en Tepic es la familia García, que en respuesta a la demanda de productos lácteos menos grasos, los elaboran con base en leche semidescremada. Es decir, se descrema parte de la leche y la mezclan con leche entera. Después se corta con cuajo industrializado para continuar con el proceso correspondiente a cada producto, pero siempre utilizando la base de leche semidescremada.

El queso es malteado, salado y molido. Después se prensa en aros de distintos tamaños y está listo para su consumo.

La panela tiene un proceso de malteado ligero, salado, se coloca en canastos, donde se deja estilar durante 5 horas aproximadamente antes de poderse consumir. Es una panela muy fresca y ligera.

Jocoque

Este producto, de la costa a la sierra, de norte a sur, se encuentra en la mayoría de las mesas de Nayarit. En mi niñez, cuando todavía pasaba el lechero, era común ver en las casas una olla con leche sin hervir, sobre el piloto de la estufa o cerca de ésta para que se cortara con el calor, y elaborar el jocoque de manera casera. Se utiliza para acompañar distintos guisos o puede constituir un platillo en sí, en dicho caso se salsea y se come con tortillas. La leche entera es sometida a un proceso térmico, donde se corta de manera natural, luego se cuela el suero en un 60%, se sala y se mezcla. Se conserva en refrigeración. En algunos lugares de Tepic ya lo elaboran con leche semidescremada.

Requesón

Este producto también forma parte indispensable de la mesa nayarita. Se obtiene al hervir el suero resultante de la leche cuajada para queso o panela. Cuando el suero empieza a hervir, emerge una nata granulosa, al cabo de un tiempo de hervor se cuela en un cedazo para exprimirle el suero. El requesón se utiliza para preparaciones saladas o dulces.

Barcinas

Esta es una artesanía típica de Mexcaltitán. Es una pelota hecha en palma, tejida en red con hilaza de algodón simulando una red de pescador y rellena con un kilo de camarón seco envuelto en tela de manta. Debido a su proceso de elaboración y contenido es un obsequio muy preciado, como me dijera una señora de Tecuala: —Cuando se usaba ir al doctor a Guadalajara, llevábamos barcinas de regalo.

Cajetas de Ahuacatlán

Este ate es conocido en Ahuacatlán como cajeta. Tradicionalmente se elabora de membrillo y mango en temporada. Es un dulce que se hacía de forma casera y no era vertido en moldes. La señora María González Figueroa es quien le dio realce al pueblo cuando en 1943, ideó verter esta preparación en moldes de barro con figuras de conejo, conchas, pescados, etcétera, que traía su esposo de Ixtlán del Río e inició su comercialización. Ahora, quien continúa con la tradición es su hija, la señora María Teresa López González, auxiliada por su familia. El proceso de elaboración consiste en pelar los mangos o membrillos, cocerlos, extraer la pulpa y cocerla con azúcar durante dos o tres horas sin dejar de mover. Una vez que la pulpa comienza a despegarse del cazo se vierte en los moldes. Existen otras personas como la señora María de la Luz Pérez Bañuelos, que también elabora este tipo de dulces. Es ideal para comerse como postre, acompañada de rebanadas de panela o leche. La cajeta de mango es muy especial, pues se elabora con mangos antes de madurar, por lo que tiene una acidez característica.

Rosquillas y encanelados de Jala

El pueblo de Jala conserva tradiciones, herencia de los españoles que la fundaron, que sin duda alguna han sufrido modificaciones. Algo característico del lugar son sus panes dulces como el encanelado y las rosquillas. Las rosquillas tienen un sabor neutro con un toque lejano a cítrico y bañadas con un glaseado. El encanelado es una variante de buñuelo. Son ideales para acompañar el café o un chocolate caliente.

Calabaza enmielada

Es un producto muy presente en la vida cotidiana de Tepic. Se suele encontrar en puestos en el mercado o en las tiendas de barrio. Es el postre por excelencia del desayuno y se suele comer acompañada de un vaso de leche fría o poner la pulpa de la calabaza en un plato hondo para luego verter ahí la leche y comerla a cucharadas. La calabaza amarilla se corta en rectángulos, luego se cuece en agua con poca cal, para que mantenga su forma. Se lava y se vuelve a poner a hervir en agua con azúcar en cazo de cobre hasta que se enmiela toda la pulpa de la calabaza. Esta preparación también se utiliza para los mangos sazones, camotes y plátanos.

Posi

Este es un postre único en todo Nayarit. Se elabora en el Conde, municipio de San Pedro Lagunillas. Es un postre de temporada de lluvias pues su ingrediente principal es la tuna roja. Se hace un puré con la pulpa de esta tuna (no se hace con la verde), se mezcla con pinole y se pone a cocer, moviendo constantemente hasta que reduce, espesa y se separa de las orillas. Se vacía en moldes hondos, se deja enfriar, se desmolda y se parte en rebanadas.

Pan dulce de Amatlán de Cañas

El pan dulce de Amatlán de Cañas tiene un sabor muy especial y su pan característico es el picón, que es el pan utilizado en la elaboración de la capirotada. El mayor exponente de los panes de la región es el señor Eduardo.

Huesitos de leche de Amatlán de Cañas y Huajimic

En Amatlán de Cañas existen tres señoras que tradicionalmente elaboran dulce de leche en la forma de huesitos de manera artesanal. Para la elaboración se necesita leche entera, azúcar y canela. Esta mezcla se deja hervir hasta que reduce y forma una masa. Se hacen bolitas de aproximadamente 4 centímetros de diámetro y se presiona con dos moldes de barro, elaborados y horneados con la forma de hueso de durazno natural. De ahí el nombre.

Bolillo

La familia Mu Rivera es quien continúa con la tradición de elaborar el bolillo característico de Tepic. Herencia, un tanto modificada, de los franceses instalados en la ciudad a finales del 1800. Este bolillo es tan rico como una verdadera baguette, de costra crujiente por fuera y miga suave por dentro, su sabor es neutro, apto para acompañar productos dulces o salados. Los ingredientes son harina, sal, malta, agua y levadura. Este producto está hecho por artesanos que dominan cuatro habilidades. La relación con los cambios físicos que se producen al contacto de la levadura, el agua y la harina les permite determinar los tiempos de reposo de la masa, variar las proporciones de levadura y sal dependiendo del clima. También la maestría para realizar lo que llaman "la hechura", pues con gran destreza dan forma a esa materia desordenada. Se debe estirar, enrollar apretadita para que se "haga bien", luego la ruedan bajo sus manos entrenadas para darle la forma final y reposarla sobre una tela a la que le van haciendo pliegues para separar cada "bolillo". Cuando la primera habilidad dictamina que el bolillo ya formado ha alcanzado su madurez al volverse a levar con su forma casi final, se procede a hacerle un corte para luego tomar una pala larga, larga, larga y entregarlo al elemento del fuego en una relación estrecha, donde no hay termómetros, sólo el matrimonio desarrollado con el tiempo en una ecuación refracción de calor y tiempo de fuego. Cuando el bolillo entra al horno no hay flama alguna, sólo el calor guardado por los ladrillos. Entonces el artesano toma una pala con cautela y con movimientos imperceptibles coloca en el piso del horno de 12 a 16 bolillos crudos en un giro rápido y preciso de muñeca. Con sólo el color sabe cuáles están ya cocidos para sacarlos. Su agilidad última estriba en el movimiento maestro de las palas, como si fuera torero a punto de ensartar las banderillas, toma dos palas y saca los bolillos que caen en cascada sobre un canasto. Una sola persona elabora 700 bolillos hechos a mano en un lapso de aproximadamente 5-6 horas, entre el reposo inicial y final de la masa ya con forma de bolillo, hechura y horneado.

Tostadas

Las tostadas en México, a diferencia de otros países, son el resultado de freír las tortillas de maíz, lo que resulta en un disco crocante en donde tradicionalmente servimos distintos guisos que van desde productos cárnicos a mariscos. Las tostadas son un producto muy importante en Nayarit, como consecuencia ocupa el mayor porcentaje dentro de la franja tostadera del país, constituida por el norte de Jalisco, todo el estado de Nayarit y sur de Sinaloa. Dentro de esta franja se consume el 50% de la tostada que se produce a nivel nacional. Son el acompañamiento indispensable de mariscos, frijol, cerdo, panela o pollo. En Nayarit se ha desarrollado una variedad interesante de este producto: raspadas, sin raspar, delgadas, gruesas, con camarón seco en la masa y las más recientes son de forma cuadrada. En Jala, la tostada raspada tradicional es de forma oval y alargada.

La tostada raspada tiene un lugar muy especial, porque sólo se elabora en Tepic de manera industrial. Hace más de 50 años, la señora Juana Gil Cruz actualizó en la capital la manera tradicional de los pueblos de hacer tostadas. Esta tostada raspada y asoleada, en algunos lugares era exclusiva de las mujeres embarazadas o en estado de lactancia. Se decía que les ayudaba a producir leche. Cipactli Meza Cueto, nieta de la señora Juana, nos dijo que se originó durante la Revolución, pues no siempre podían tortear las soldaderas, entonces tomaban las tortillas del día anterior recalentadas, les quitaban una cara de la tortilla y las freían con manteca, como método de conservación. La señora Juana, frente a una necesidad económica preparó 25 tostadas y mandó a uno de sus hijos a venderlas, a la media hora, el niño regresó y la señora preparó otras 25 piezas. Cuando el niño volvió del mercado, traía consigo pedidos para el día siguiente. Así inició este próspero camino la señora Juana. Asentada en la calle León de la ciudad de Tepic, a su producto se le conoció como tostadas de la León, al poco tiempo su producto acuñó este nombre, que tras la muerte de doña Juana, fue continuado

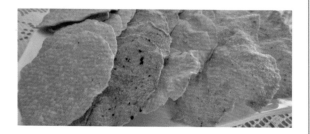

por sus hijas. Cipactli, junto con el resto de la familia, continúa esta tradición familiar, con la marca Doña Juana, con miras a exportar este producto a nivel estatal y nacional. Ella nos cuenta su elaboración, que hasta la fecha tiene una parte artesanal.

Todo inicia con la elección del maíz: sólo utilizan maíz criollo cuyas semillas provienen de los abuelos, entre sus proveedores hay familias huicholas. Se nixtamaliza, se forma la masa y con la ayuda de tecnología que ellos han desarrollado se pasa a una tortilladora mecánica. Una vez que la tortilla está lista, se raspa a mano para eliminar la cara menos cocida de la tortilla, proceso que hace este producto característico al formar montículos minúsculos de masa poco homogéneos en la tortilla. Posteriormente se pasa al espacio de deshidratación, de preferencia de manera solar y en la época de lluvias, utilizan una deshidratadora especial, diseño de Omar Meza Cueto. Durante este proceso se cierra el poro de la tortilla lentamente. Cuando la tortilla está totalmente deshidratada se pasa a freír, donde una reacción física toma lugar, el aire atrapado durante el proceso de raspado y deshidratación busca escapar y forma burbujas, creando la textura rugosa burbujeada característica de la tostada, lo que le otorga la particularidad de crujiente y resistente cuando se prepara, se humedece la superficie, pero las burbujas quedan secas. El uso de maíz criollo le confiere un sabor especial.

La tostada raspada al ser cien por ciento de maíz nixtamalizado y más gruesa tiene un mayor aporte de calcio biodisponible. De aquí la sabiduría empírica de las abuelas de pueblo, al darles tostadas y tortillas raspadas a las mujeres en estado de lactancia. Su sabor característico acompaña muy bien tanto a mariscos como a productos cárnicos.

Puerquito al horno de Acaponeta

Este es un producto muy característico de Acaponeta, su venta inició en el año 1968 con el señor Alfonso Curiel Peralta. Originalmente se dedicaba a la venta del chicharrón, hasta que un amigo de Mexicali le propuso que hiciera otro tipo de elaboración. Un amigo panadero le ofreció meterlo al horno, así le hicieron unas incisiones al lechón (que no supere los 50 kilos), lo salaron y lo hornearon durante 3 horas al menos. Le mostraron la receta de una salsa de la revista *Vanidades* y la modificó pues no encontraba ingredientes como alcaparras y aceitunas. El resultado fue del gusto de todos y es el toque distintivo de estos tacos. Así surgen los tacos de lechón echado o al horno: sobre una tortilla se sirve carne del lechón, luego repollo rallado y la salsa especial. Ahora, continúa con la tradición el señor José de Jesús Díaz Vázquez, conocido como El Siete, su esposa e hijos. Es un producto digno de probarse.

Churros de Acaponeta

Si bien los churros existen en todo México, España y resto de América, los churros de Acaponeta de los conocidos Mines, tienen fama. Este tipo de churro inicia en 1930 con don Ángel Soto, tío político del primer Benjamín Mayorquín que se dedicó a los churros. El apodo de Mines, proviene de dicho nombre, pues ya es la tercera generación de Benjamines dedicados a los churros. Un español le enseñó a don Ángel Soto el arte de los churros, cuya receta ha continuado intacta desde entonces. La única modificación que hicieron es la forma al momento de freírlos. Estos churros tienen una forma de rueda pequeña, son muy crujientes al morderlos, bien cocidos por dentro, pero suaves a la vez y bañados en azúcar. ¡Pruébelos!

Chocolate de Amatlán de Cañas

Este chocolate de mesa tiene años de tradición, lo inició la señora Dolores Quintero Toscano en el año 1920 aproximadamente y ahora continúan sus hijos Helena, Vicente y Hortensia que rondan los 70 años. El proceso de elaboración es totalmente manual. Inicia con el tostado del cacao en una sartén y, sin dejar de mover para que no se queme, lo hacen de una forma tan rítmica que recuerda al sonido del mar entre piedras. Una vez tostado, se pasa a una palangana con clavos y se restriega con un cepillo de clavos, todo producto del ingenio del Sr. Vicente. Este proceso separa la semilla de la cáscara de cacao y para limpiar la semilla la vacían por tandas a una tina que la mueven constantemente de tal forma que hace saltar los granos y la cáscara. Luego de unos segundos de revolver, soplan para que la cáscara vuele. Esta acción se repite varias veces hasta que la semilla queda limpia. Se vierte al molino junto con varas de canela tostada, proceso donde el cambio de estado sólido a líquido toma lugar: el molino se alimenta de granos de cacao para verter una ola líquida de chocolate. El molino cubierto de chocolate se limpia al moler más canela y el azúcar varias veces, para que no quede grumoso. Se mezclan el chocolate líquido y el azúcar molida para volverse a moler. Si es chocolate almendrado se le agrega la almendra. El chocolate ya no saldrá líquido del molino, ahora salen gránulos muy finos de chocolate y azúcar, listos para darles la forma redonda con la ayuda de aros que se enfrían sobre charolas para luego envolver cada tabilla manualmente. Es perfecto para una taza de chocolate espumoso o dar el toque especial a un asado (mole) de Jala.

Nieve de garrafa de Ixtlán del Río

En 1926 se inició la tradición de la nieve de garrafa con la familia Ruíz, luego en 1940, Jesús Peña Morales siguió sus pasos con la nevería El Nilo. Ambos puestos se establecieron en los portales de Ixtlán, El Nilo permanece ahí hasta hoy, y las nieves Ruiz, en lo que fuera la Quinta Ruiz. El sabor único fue vainilla durante muchos años, luego le siguió el de limón, hoy en día existen otros sabores. El proceso de la nieve sigue el método tradicional, donde la tarde anterior se prepara la leche entera, con vainilla, azúcar, canela y el sabor a elaborar para al día siguiente colocarla en recipientes de acero, luego éstos en garrafas de madera con hielo y sal, para moverlos constantemente durante tres horas. El preparado se va congelando en las orillas, se baja, se sigue batiendo, se vuelve a bajar el hielo que se forma, hasta que todo el preparado se cristaliza y siguen batiendo hasta romper los cristales y lograr una consistencia cremosa. El dicho es: pasar por Ixtlán y no comer nieve de garrafa, es como no haber pasado.

Dulces de leche de Ixtlán del Río

Esta deliciosa tradición de elaborar dulces de leche de coco, tamalitos, garapiñados, borrachitos, jamoncillos de leche, rosquillas, por mencionar algunos la heredó Hermenegildo Ballesteros el 16 de agosto de 1922. En la actualidad, los hermanos Miguel Fernando y María Helena Espinoza Ballesteros son quienes continúan con esta herencia y tienen el orgullo de elaborarlos "como los abuelos lo dejaron". El abuelo Hermenegildo fue un carpintero de sumo ingenio, quien ideó instrumentos especiales para el procesamiento de la materia prima y elaboración de los dulces. Se inspiraba en la revista *Mecánica Popular* que inició su edición en español en mayo de 1947. Entrar a este taller es un viaje al pasado, donde se puede observar en uso un rallador para el coco, una cama de madera y rieles para bolear dulces de leche, un baño María inverso, una pala de madera curtidísima, cazos de cobre y leña. Los insumos básicos son leche entera (traída diariamente por un lechero), azúcar, vainilla y mucho amor por esta tradición para soportar el fuego y mover el cazo por más de dos horas en cada dulce. El dicho es: pasar por Ixtlán y no comer dulces de leche, es como no haber pasado.

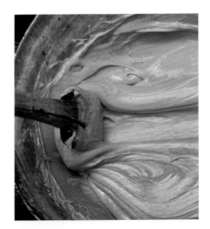

Ixtete

–Nosotros somos retoño, mi mamá Ramona es la mata–, dice Adolfo Plazola. Orgullo por pertenecer a la familia del ixtete, es lo que marca este dulce. Su historia semeja un don divino, sellado por la aparición de un hombre desconocido que enseñó al señor Simón López esta elaboración. Algunos en la familia afirman que era un general del ejército y la señora Ramona, que ronda los 100 años, dice que sólo era un señor. –Seguramente quiso ayudar a mi esposo a que hiciera unos centavitos–. Este hombre cuya identidad permanecerá en el anonimato, le pidió a Simón que comprara los ingredientes necesarios, acudió a su casa y le enseñó esta preparación artesanal. Simón aprendió a la primera, elaboró el dulce e inició su venta. Doña Ramona cuenta: –Esta es la única herencia que dejó mi esposo, ¡qué mejor! de aquí sus hijos y toda su descendencia saca su dinerito para vivir. Antes de morir Simón, le dijo a mi hijo Chava: "No le digas a nadie cómo se hace, porque te van a quitar el pan de la boca"–. Así surge el mandato del secreto, que la familia lo vigila celosamente. Sólo los hijos, cuñados, tíos y sobrinos participan de él.

El ixtete es un dulce que hace nombre y se arraiga en Tepic y, de aquí, al resto del estado. Juan Medina nos muestra la artesanía de su producto. Sus ingredientes básicos son la miel de abeja, limón y leche, opcionales son la nuez, almendra o cacahuate; fuego, cuidado, tiempo, paciencia, fuerza. Los primeros cuatro se llevan al fuego hasta que se vuelve un caramelo espeso color café. Cuando el artesano decide que ha alcanzado el punto de espesor requerido, lo vierte a una piedra rectangular con bordes previamente humedecida, originalmente piedras lajas, a que se enfríe y "cuaje". La vigilia nunca cesa, pues si se hierve de más o si enfría demasiado, ya no se podrá trabajar. Llegado el momento indicado, se desprende el caramelo aún tibio de las orillas, el agua sobre la

piedra es el único aliado para que no se pegue. Se une hasta formar una gran masa informe y aquí, la maestría y fuerza del artesano se pone a prueba. Llega el momento del blanqueado; el artesano toma este elemento nuevo de aproximadamente diez kilos, lo coloca sobre una horqueta de guásimo de tal forma que cuelgue uniformemente, surgiendo dos extremidades por el peso, las cuáles trenza torciendo, para después doblarla con un movimiento envolvente en tres partes, hasta volver a colocar la masa en el centro de la horqueta, de la cual caerán dos extremos que serán trenzados, doblados y de ahí otros extremos surgirán. Durante este esfuerzo repetitivo del artesano, emergen lentamente los cabellos dorados ocultos en esa masa informe, hasta que poco a poco la consistencia se vuelve más firme, el sabor a miel se intensifica y pronto los hilos dorados cubren este manto.

Una vez que el proceso de blanqueado ha terminado, se corta en porciones de aproximadamente tres kilos y medio. Cada porción se coloca sobre una plancha de madera cubierta previamente por un plástico que contendrá este dulce en una forma rectangular hasta el momento de ser servido.

Tradicionalmente, se moja un pequeño cuchillo en forma de hacha con jugo de limón para que no se pegue, se corta con golpecitos, se toma con un pedazo de plástico y encima se le pone unas gotas de limón. La memoria colectiva reconoce la voz grave que anuncia la llegada de este dulce: "Haaaay ixtete", haciendo énfasis en la sílaba grave y apresurando la palabra ixtete y los más antiguos de la ciudad, recuerdan la voz del señor Chava, hijo de don Simón, gritando: "Ixtete tomen", el énfasis se hacía en la vocal grave de la palabra tomen, con una entonación aguda, de tal forma que pareciera decir: "Ixtetetón".

Es uno de los dulces que, he visto, requieren más esfuerzo físico. Una gran labor artesanal.

Tejuino

El tejuino es una bebida ceremonial del pueblo huichol, que se consume durante las festividades en torno al maíz: siembra, limpieza del coamil, el corte y para el cambio de gobierno tradicional. Es una bebida alcohólica que como me dijera Cristina Carrión Javier: –si está bien hecho, con dos vasos te mareas–. El tejuino tradicional huichol es una bebida muy elaborada a base de maíz germinado, deshidratado y molido, posteriormente se mezcla con agua y se hierve durante 24 horas. Se enfría y se deja fermentar durante mínimo siete días. Es amargo, un medio de comunicación con la deidad del Maíz.

El tejuino, desde tiempo inmemorial, se arraigó en las comunidades mestizas principalmente de los estados de Jalisco y Nayarit, que es donde habita el pueblo huichol. En Tepic tiene un arraigo muy importante y es parte de la vida cotidiana. Hay un puesto que marca historia: el que se encuentra en la calle León y Amado Nervo, atendido por su propietario el Sr. Pedro Gutiérrez Zepeda, conocido como el Güero, pero a la par hay señores en triciclos que pasean por la ciudad vendiéndolo. A diferencia del huichol, el tejuino mestizo es una bebida refrescante, no alcohólica, que se dice tiene propiedades digestivas para el estómago, lo desinflama y calma.

Benjamín Vivanco, quien a su jubilación vendió tejuino, nos compartió la siguiente receta:

- 3 litros de agua
- 1 kilo de masa
- 1 kilo de piloncillo
- 1 vara de canela
- 1 limón

Se diluye en el agua, la masa y el piloncillo, luego se pone a hervir con la vara de canela moviendo constantemente para que no se pegue, hasta que se forme un atole ligeramente espeso. Al salir del fuego, se le exprime el jugo de limón para que ayude a fermentar y se deja reposar tapado durante 3 a 5 días. Una vez fermentado está listo. Se sirve con una pizca de sal, bicarbonato, jugo de limón y hielo. Es muy refrescante.

Gorditas de piloncillo

–Cuando bajé por primera vez de la sierra a Acaponeta, tendría yo siete años y me dijeron, vamos a comer gorditas de piloncillo al mercado. Tengo noticia, que todavía se venden–. Así me contó el tío Miguel Robles de más de 80 años. La masa de nixtamal se prepara con canela, piloncillo y queso añejo, se aplana como una tortilla para después freírse. Se acompaña de atole de pinole o café. Este producto se vende sólo en el mercado de Acaponeta durante las primeras horas de la mañana.

Licor de nanchi y en conserva

Este es un fruto que se conoce con una variedad de nombres como nance, nanche y, en Tepic, nanchi. Es un fruto de temporada, redondo, chico, color amarillo, de sabor muy peculiar, que por lo general sólo gusta a quienes crecimos con él. En Nayarit existen dos variedades: el grande masozo y el pequeño de sabor ácido. Este último es la elección de la mayoría. Para los nayaritas es muy preciado y en la zona del altiplano, pero cerca de la costa, como Acaponeta, Rosamorada, Ruiz y Santiago, se elaboran conservas dulces, vinos de nanchi y en salmuera. El nanchi en salmuera puede perfectamente sustituir el uso de las aceitunas y hay quienes elaboran tamales de cerdo con estos nanchis.

Productos de jamaica

La jamaica es la flor roja de una vara arbustiva. Con base en esta flor se están realizando productos innovadores en Amatlán de Cañas y Jala, como el licor de jamaica, mermelada industrializada y dulces enchilados cuya base es el concentrado de esta flor. La mermelada de jamaica se produce de manera casera en el municipio de Huajicori.

Salsa Huichol

Esta salsa es un producto emblemático en Nayarit, a tal punto que comer mariscos sin ella, "simplemente no sabe igual". Está elaborada principalmente de chile cascabel, vinagre y especias, secreto de la casa; no contiene conservadores químicos, utilizan el método de pasteurización para su inocuidad. En Nayarit este chile tiene diferentes nombres como tequilita y Acaponeta.

Consideraciones sobre las recetas

Las recetas que aquí se presentan son la suma de muchas recetas. No he modificado su sabor, sino que tomé las coincidencias en ingredientes y manera de elaboración para lograr un sabor auténticamente nayarita. Como la manera de cocinar siempre es intuitiva y se baila en un malabarismo de pizcas, chorritos y ponerle a ojo, parte de mi trabajo fue poner un poco de precisión a esta danza para darle medidas en tazas, cucharadas y peso. Todas las recetas en este libro se cocinaron, algunas más de una vez hasta lograr el sabor deseado, por lo que todas las fotografías fueron tomas a estos platillos y no son producto de utilería.

A continuación explico la convención en torno a las recetas y ofrezco algunos consejos.

Sobre el número de comensales. Todas las recetas están estandarizadas para 6 comensales, en el caso de los pasteles y postres, de 8 a 10 personas.

Sobre los postres. Reduje el nivel de dulzor en todos los postres, si les gustan más dulces agreguen azúcar al gusto.

Sobre la medida de los ingredientes. Los pesos que se especifican son con los productos enteros, sin limpiar, ni cortar. En el caso de los líquidos la medida es en mililitros, litros, cucharas y tazas medidoras. Para las especias y los polvos como el polvo para hornear, bicarbonato, etcétera, por ser tan ligeros sólo utilicé las cucharaditas medidoras como medida y no un peso, en ocasiones tuve que recurrir a la imprecisión de la pizca. El peso de las verduras como tomate, cebolla y pepino, se tomó de piezas de tamaño medio enteras, pensando que fuera fácil de convertir entre piezas y peso.

Sobre la limpieza de los productos. Siempre lave y desinfecte (en caso necesario), antes de pelar y cortar los ingredientes. Este paso no se especifica en las recetas.

Sobre la calidad de los ingredientes. El sabor óptimo se logra con ingredientes de primera calidad, sin abolladuras ni picaduras. Siempre utilice productos frescos y no enlatados. Aquí algunas recomendaciones:

Chiles. En apego al sabor tradicional realicé todas las recetas con un picor elevado, pero ustedes tienen el control, siempre pueden reducir, aumentar o eliminar la cantidad de chiles. Una manera efectiva de reducir el picor es eliminar las semillas. Para los chiles rellenos, elija chiles grandes, alargados y sin dobleces, pues serán fácil de rellenar.

Camarón fresco. El camarón con mayor sabor es el de estero y de mar, elija comprarlo con cabeza, pues ahí reside el sabor para hacer fondos y caldos. Cuide que no estén maltratados.

Camarón seco. El camarón chico tiene un mejor sabor y sólo basta con quitarle la cabeza para cocinar con él, si solo tienen camarón grande a la mano, quítenle la cabeza, coraza y cola muy bien antes de cocinar.

Pescados. Deben tener la piel todavía resbalosa, los ojos brillantes y no apagados.

Carnes y aves. Que sea de primera calidad, que la carne no esté ennegrecida y conserve su tono rojizo.

Especias. Les recomiendo utilizar especias enteras y molerlas en molino, por lo que la pimienta se midió por vueltas de molino.

Aceite/manteca. En las recetas se utilizó aceite neutro (maíz o girasol), a menos que se especifique aceite de oliva. Si desean utilizar manteca, sólo cambien los mililitros por gramos.

Tamales. Se recomienda utilizar maíz molido recién nixtamalizado e hidratarlo con caldo de camarón, pollo o cerdo, según sea el relleno del tamal. No obstante, todas las recetas se hicieron con harina de maíz nixtamalizado. Para envolver los tamales, utilice hojas tiernas de maíz secas. Primero se deben lavar e hidratar, remojándolas en agua durante 30 minutos antes de armar los tamales, siempre haga tiritas unas hojas para amarrar los tamales. Por último utilice una vaporera para la cocción de los tamales, si no cuenta con una, voltee un plato hondo en el fondo de una olla, vierta agua, luego coloque sobre el plato hondo un plato plano y coloque los tamales. Tradicionalmente los tamales se elaboran con manteca en una proporción de kilo de masa por 300 g de manteca. En este libro para elaborar las recetas utilicé aceite en menor proporción siguiendo las tendencias actuales, no obstante siéntase libre de utilizar la manteca y aumentar su cantidad.

Tabla de unidades y medidas

Verduras

Producto	Tamaño estándar	Peso unitario en bruto
Pepino	Mediano	140 g
Chile serrano	Mediano	7 g
Jitomate guaje	Mediano	122 g
Tomate verde o de hoja	Mediano	40 g
Zanahoria	Mediana	110 g
Cebolla	Mediana	120 g
Papa	Mediana	190 g
Aguacate	Mediano	264 g

Camarón seco

Producto	Tamaño chico de 5-6 centímetros con cabeza	Equivalente en taza medidora y gramos
Camarón seco con cabeza	chico	58 g = 1 taza medidora ligeramente copeteada
Camarón seco sin cabeza	chico	73 g = 1 taza medidora ligeramente copeteada

Azúcar

Producto	Medida en taza	Equivalente en peso
Azúcar estándar	1 taza	220 g
Azúcar estándar	½ taza	110 g
Azúcar estándar	¼ taza	55 g
Azúcar estándar	⅓ taza	74 g

Harina

Producto	Medida en taza	Equivalente en peso
Harina estándar	1 taza	120 g
Harina estándar	½ taza	60 g
Harina estándar	¼ taza	30 g
Harina estándar	⅓ taza	40 g

Recetas básicas

Caldillo básico de jitomate para tortitas de verdura

Este es un caldillo que se utiliza para albóndigas, chiles rellenos, tortitas de verdura y otras preparaciones. Un tip interesante es que cuando el jitomate esté en temporada, puede hacer este caldillo y congelarlo en porciones y así sólo tendrá que elaborar los guisos y la salsa ya estará lista.

INGREDIENTES

- 5 piezas / 610 g de jitomate guaje
- ¾ pieza / 80 g de cebolla
- 1 pieza / 3 g de ajo
- 3 tazas / 720 ml de agua
- 7 g de perejil
- Sal al gusto

PREPARACIÓN

1. Hierve el jitomate, el ajo y la cebolla en 3 tazas de agua, después de 15 minutos o cuando el jitomate haya cambiado de color licua todos los ingredientes en 2 tazas de agua de cocción, vierte la salsa en una olla colándola.
2. Agrégale las ramas de perejil, rectifica la sal y deja hervir 10-15 minutos. Luego retira las ramas de perejil.

Caldo básico de camarón

El caldo es muy importante para potenciar el sabor de las diferentes preparaciones. Esta es la forma básica de hacer un caldo de camarón, que en cocina profesional llamaríamos fondo. En la cabeza está lo que llamamos el coral, por lo que te recomiendo que cuando hagas alguna preparación con camarón y no utilices la cabeza las guardes y congeles. La siguiente es sólo una proporción para que te guíe.

INGREDIENTES

- 1 cucharada / 15 ml de aceite
- 200 g de coraza de camarón y cabeza
- ½ cucharadita / 2 g de sal
- 1 ℓ de agua

PREPARACIÓN

1. En una olla amplia vierte el aceite y caliéntalo, cuando esté caliente vierte de golpe las cabezas y corazas del camarón junto con la sal. Mueve para que se doren parejo y se tornen rojas las cabezas.
2. Presiona con un machacador de frijoles o un cucharón las cabezas para que suelten el coral, cuando veas que les sale su jugo vierte el agua y déjalas hervir durante 20 minutos. Cuélalo y resérvalo.

TIP

Este caldo entre más carcazas tenga más sabor tendrá. Te recomiendo que si vas a consumir ceviche y no vas a necesitar caldo en ese momento, reserves las corazas y cabezas para que elabores el caldo y lo congeles, así tendrás caldo a la mano para cuando necesites y te facilitará las preparaciones.

Cocción de nopales

INGREDIENTES

- 10 piezas chicas de 13 centímetros / 400 g de nopal
- 4 tazas / 960 ml de agua
- ¾ pieza /100 g de cebolla
- 2 piezas / 5 g de ajo
- ½ cucharadita / 2 g de sal

PREPARACIÓN

1. Lava y parte los nopales ya sea en cuadros de 1 cm o en tiras de 5 × 1 cm, como prefieras.
2. Hierve en el agua, cebolla y ajo, cuando el agua empiece a soltar el hervor, agrega los nopales y déjalos hervir cerca de 8-12 minutos con la sal.
3. Revísalos un poco antes y cuando veas que cambiaron de color a un verde oscuro brillante y al tacto ya están suaves pero firmes a la vez, viértelos a un colador, para que escurran su baba característica.
4. Ya están listos para usarse en ensalada o dentro de un guiso.

Cocción de pulpo

La cocción del pulpo es muy importante, ya que si su consistencia es dura o chiclosa no se disfrutará. Enseguida te doy unos tips de cómo lograr una buena cocción.

INGREDIENTES

- 8 ℓ de agua
- 1 hoja de laurel
- ½ pieza / 60 g de cebolla
- 1 cucharadita / 4 g de sal
- 1 kg de pulpo (necesario para 6 personas)

PREPARACIÓN

1. El pulpo generalmente reduce un 20% después de su cocción, así que de 1 kg quedarán 800 g, un total de 133 g por persona, es decir, dos tostadas generosas de pulpo o 3 servidas normal. Si les gusta mucho el pulpo compren uno más grande.
2. Pon a hervir en una olla grande el agua, laurel, cebolla y sal. Mientras tanto vas a lavar el pulpo y voltearle la cabeza, verás un orificio, presiónalo del lado contrario y saldrá una dureza que es la boca, quítasela. Cuando esté hirviendo el agua, vas a tomar el pulpo por la cabeza, sumérgelo y sácalo muy rápido a la altura de los tentáculos solamente, esta acción las repetirás 3 veces antes de sumergirlo por completo y dejarlo hervir durante 40 minutos a una hora o hasta que insertes un cuchillo y se sienta suave.
3. Ten cuidado de no sobrecocerlo para que no se deshaga, además el sabor se vuelve desagradable.

TIP

Compra el pulpo con un proveedor confiable, si vives cerca del mar lo mejor es comprarlo fresco, de lo contrario utiliza uno congelado pero con un buen proveedor.

Cocción y caldo de pollo básico

Este caldo es básico en la elaboración de platillos que llevan pollo.

INGREDIENTES

- 6 piezas de pollo (elegir las piezas de su preferencia)
- ¼ pieza / 30 g de cebolla
- 1 pieza / 3 g de ajo
- 7 tazas / 1.680 ℓ de agua
- ¼ cucharadita / 1 g de sal

PREPARACIÓN

1. Lava el pollo con agua limpia, si deseas un caldo bajo en grasa, quítale la piel antes de ponerlo a hervir o puedes dejar unas piezas con piel y otras sin piel para que tenga un poco de la grasa natural y ese sabor característico.
2. Coloca en una olla lo suficientemente grande las piezas de pollo, cebolla, ajo, agua y sal.
3. Pon la olla en la estufa a fuego alto primero, cuando empiece a hervir baja a fuego medio, para que no se arrebate y evitar que las piezas se desgarren.
4. Deja hervir de 40 minutos a una hora. Cuando las piezas estén suaves, retíralas del fuego. Cuela el caldo y resérvalo.

TIP

Se le pone muy poca sal porque el caldo se utilizará para otras preparaciones y se quiere evitar que el resultado final quede salado. El caldo que no se utilice se puede porcionar y congelar para futuras preparaciones, con durabilidad recomendada de 3 meses.

Cómo limpiar los chiles poblanos para rellenar o rajas

Limpiar los chiles poblanos se logra quemándolos al exponerlos directamente sobre la llama de la estufa, cuida que el fuego sea medio e ir volteado cada pieza para que se quemen parejo y no se carbonicen. Cuando veas que la piel de todos lados está negra, pero la textura del chile está firme y suave a la vez, lo has hecho bien, entonces ponlos dentro de una bolsa de plástico para que suden y sea más fácil quitarles la piel. Déjalos reposar, mientras haces otra preparación y luego limpia los chiles. Se les debe quitar la piel quemada, un tip es que pongas agua en un recipiente para que te mojes las manos y peles los chiles y cuando tengas la mano con piel de chile, te enjugues la mano en el molde con agua, te será más fácil y no tendrás necesidad de lavarlos bajo el chorro de agua, lo cual no es recomendable porque su sabor se lava. Cuando concluyas de quitarles la piel quemada, debes hacer una incisión con cuidado de no romperlo y a través de este corte quítales las semillas.

Recaudo de chilacate para sopes y enchiladas

Es la base que otorga el sabor característico en la elaboración de estas preparaciones.

RENDIMIENTO

- 20 a 24 piezas

INGREDIENTES

- 2 pieza medianas / 25 g de chilacate
- 1 pieza / 3 g de ajo
- 1½ cucharadita / 6 g de sal
- 2 tazas / 480 ml de agua

PREPARACIÓN

1. Hierve los chilacates enteros en las dos tazas de agua. Después de 7 minutos o cuando el chilacate está bien hidratado, les quitas el rabo y las semillas.
2. Después licua en 1 taza de agua de cocción, los chiles, el ajo (crudo) y la sal. Vierte la salsa a una olla pequeña colándola y hierve 3 minutos después de que suelte el hervor, rectifica la sal. Lista para usarse.

Frijoles refritos para tamales de la sierra y gorditas de frijol

Los tamales ceremoniales de frijol son un platillo compartido entre coras y huicholes, me llama la atención que las gorditas rellenas de frijol de Santa María del Oro tienen la misma preparación. Sinceramente los frijoles quedan deliciosos independientemente a qué rellenen, tienen el sazón de los frijoles puercos.

INGREDIENTES

- ¾ pieza / 90 g de cebolla blanca
- ¼ taza / 60 ml de aceite maíz
- 4 piezas / 3 g de chile cola de rata
- 2 tazas / 500 g de frijol de la olla sin caldo (ver página 112)
- ½ cucharadita al ras de comino

PREPARACIÓN

1. Parte la cebolla en cuadros medianos y el chile cola de rata en tres, calienta el aceite en una sartén amplia y agrega la cebolla, el chile cola de rata (si se quiere menos picante quítale las semillas o reduce el número de chiles) y deja que dore un poco.
2. Vierte el frijol sin caldo y el comino, debe cocinarse al menos 8 minutos hasta que desprenda un aroma muy agradable.
3. Machácalos, tradicionalmente se hace con metate y el chile se mezcla muy bien, puedes ponerlo en la licuadora o hacerlo con un brazo eléctrico. La consistencia de los frijoles debe quedar firme, pues se utilizan para rellenar.

Huevo punto listón para capear chiles y tortitas de camarón

Parece algo muy sencillo, pero tiene su secreto. Cuando no se le da el punto, es muy difícil que se adhiera al producto, en el caso de las tortitas, quedan porosas, duras y difíciles de manejar. Por eso aquí te presento los secretos para que te queden unos capeados perfectos, unas tortitas esponjosas y muy ricas.

En cada receta se indica la cantidad de huevo que necesitas, lo primero es separar claras y yemas, te recomiendo que los huevos estén a temperatura ambiente antes de iniciar su batido. Comienza por batir las claras, cuando empiecen a esponjar y que al apagar la batidora y levantar las aspas se forma una hilo espumoso, es el momento de agregar las yemas una a una sin dejar de batir. Las claras se tornarán color naranja bajo, por las yemas y la espuma se volverá más densa, cuida que al incorporar las yemas, después de batir dos minutos, no se haga dura la preparación. Debe quedar punto listón o punto letra, es decir, que se forme un hilo denso al levantar aspas y que puedas hacer figuras en la superficie que permanezcan unos segundos antes de desvanecerse. Espumosa, pero no firme.

Esta densidad permite que se adhiera a las preparaciones que desee capear, así como integrarse el camarón seco para las tortitas de camarón seco.

Masa para empanadas y chivichangas

La masa que le da sabor a esta preparación tiene muchas variantes. Esta receta es característica de la zona de Boca de Camichín y Mexcaltitán. La señora Rosalía de ramada La Moya, me la enseñó.

RENDIMIENTO
- 18 empanadas o chivichangas

INGREDIENTES
- 1 pieza grande /17 g de chile guajillo
- 1 pieza / 3 g de ajo
- 2 tazas de caldo de camarón o agua
- ½ kg de masa de maíz o 3 tazas / 400 g de harina de maíz nixtamalizado
- 3 cucharaditas / 12 g de sal

PREPARACIÓN
1. Te recomiendo que leas la consideración sobre la masa y el harina de maíz nixtamalizado (ver páginas 96-97).
2. Hierve el chile guajillo y el ajo en 1 taza del caldo de camarón. Cuando el chile se haya hidratado, quítale el rabo y el exceso de semillas, para licuarlo en ½ taza de agua de cocción con el ajo y la sal. Cuela la salsa, rectifica la sal y déjala enfriar antes de amasar.
3. Si tienes masa, ve agregando con cuidado esta salsa. Si es harina de maíz, es probable que necesites 1 taza más de líquido. Agrega toda la salsa, amasa, y si necesitas más termina de hidratar con caldo de camarón.
4. Deja que hidrate 10 minutos antes de utilizarla. Debe quedar hidratada, plástica, si se rompe cuando haces la forma de tortilla es probable que necesite un poco de agua.

Masa básica para pay

Esta es una masa infalible, que se puede utilizar para rellenos dulces o salados.

RENDIMIENTO
- 1 base y 1 tapa para pay

INGREDIENTES
- 2 tazas / 240 g de harina
- 2 barras / 180 g de mantequilla fría
- 1 pizca de sal
- 1 a 2 cucharadas / 15 a 30 ml de agua fría

PREPARACIÓN
1. Mezcla la harina, mantequilla y la sal con la ayuda de dos tenedores, también se puede hacer en una procesadora de cocina. Cuando estén incorporados y tengan la apariencia de granos de arroz, poco a poco vierte el agua, sin amasar, sólo con los tenedores o la procesadora. Cuando se incorpore y forme una masa, utilizarás tus manos para aplanar, envolver en plástico o papel encerado y refrigerar mínimo 15 minutos.
2. Divide en dos esta masa, enharina la mesa de trabajo y el rodillo, estírala hasta formar dos discos de aproximadamente 23 centímetros de diámetro.
3. Sobre un molde de pay ya engrasado y enharinado coloca el primer disco, rellena y coloca el otro disco encima y con la ayuda de un rodillo corta los excedentes. Sigue los pasos de las recetas.

TIPS

Es muy importante que la mantequilla y el agua estén frías, esta masa pertenece a las masas friables, es decir, que al morderlas se deshacen como un polvorón y no se estiran como un pan. Para lograrlo se necesita el frío y no amasar, así que hazlo con el tenedor y evita la tentación de hacerlo con las manos. Una procesadora de cocina es muy útil para estas preparaciones. Idealmente, la masa se debe reposar en el refrigerador antes de estirarla.

Puré de jitomate básico

Es un puré espeso de jitomate, que se puede elaborar cuando tengas exceso de jitomates, para congelar o refrigerar. Si tienes puré te será muy fácil hacer sopas de verdura con base de puré, arroz rojo, salsa para sopes, etcétera.

RENDIMIENTO
- 5 tazas de puré

INGREDIENTES
- 7 piezas / 850 g de jitomate guaje
- 6 tazas / 1.440 ℓ de agua
- 1¼ cucharadita / 5 g de sal
- 4 vueltas de molino de pimienta
- 3 tazas / 720 ml de agua de cocción

PREPARACIÓN
1. Pon a hervir los jitomates en el agua, cuando estén bien cocidos y hayan cambiado de color, lícualos con la sal, pimienta y el agua de cocción. Cuela este puré vaciándolo a una olla, rectifica la sal.
2. Hiérvelo y reserva, si quieres congelar ve las consideraciones.

Salsa de jitomate para flautas de camarón

Esta salsita baña las flautas, el lugar típico para comerlas en Tepic es mariscos Don Juan.

RENDIMIENTO
- Baña de 18 a 20 piezas

INGREDIENTES
- 4¼ piezas / 500 g de jitomate guaje
- 2 tazas / 480 ml de agua
- 1 cucharadita / 4 g de sal
- 3 vueltas de molino de pimienta

PREPARACIÓN
1. Pon a hervir los jitomates en el agua. Cuando la cáscara se empiece a desprender, retíralos del agua, deja que enfríen un poco, quítales la cáscara y las semillas, luego lícualos con la media taza de agua de cocción, la sal y pimienta.
2. Vierte la salsa en una olla para que hierva, rectifica el sabor y agrégale un poco de sal si le hace falta.
3. El sabor debe tener un toque dulce al quitarle las semillas al jitomate y queda espesa, si la deseas aligerar, agrega un poco del caldo de cocción.

Salsa para tostadas, tacos, gorditas y sopes

Es el sabor especial de estos antojitos, se caracteriza por ser una salsa de cuerpo ligero con un sabor intenso y acidez muy suave. Es mi versión, con tips que fui recopilando de norte a sur.

INGREDIENTES
- 4¼ piezas / 500 g de jitomate guaje
- 2 tazas de agua
- 2½ tazas / 600 ml de caldo de pollo o caldo de camarón (según el relleno)
- 1 cucharadita / 4 g de sal
- 2 vueltas de molino de pimienta
- 1 cucharada / 15 ml de vinagre blanco

PREPARACIÓN
1. Pon a hervir los jitomates en 2 tazas de agua hasta que cambien de color y se les desprenda la piel, luego pélalos y quítales las semillas, lícualos con el caldo y la sal, vierte la salsa a una olla, ponla a hervir 5 minutos, rectifica la sal, agrégale pimienta y cuando le apagues, dale el toque final con el vinagre.
2. Si la sientes espesa le puedes agregar un poco de caldo de pollo o camarón.

Guarniciones
y
aliños de mesa

Frijoles de la olla

Estos frijoles son básicos y cuando están recién hechos gustan mucho, en algunos hogares pueden ser un plato principal cuando se les agrega cebolla y chile serrano picadito con un toque de nata, acompañados de tortillas. Una vez que se tienen los frijoles de la olla se pueden volver refritos, puercos, guisados para tamal, etcétera.

INGREDIENTES

- ½ kg de frijol azufrado
- 2 ℓ de agua para el remojo
- 5 ℓ de agua para cocer
- ½ pieza / 60 g de cebolla blanca
- Sal al gusto

PREPARACIÓN

1. Limpia el frijol de cualquier piedra o palito que tenga. Recuerdo esta actividad en la mesa de mi madre, de mi abuela, de mis tías. El frijol se esparce sobre una mesa y tú estando sentada con un recipiente en el regazo, haces que caiga como una cascada los frijoles limpios mientras separas las piedras y palitos por un lado. Te recomiendo la actividad platicando con alguien por la noche, para dejarlo remojar y al día siguiente hervirlo.

2. Una vez limpio enjuágalo con agua corriente y remójalo mínimo durante 3 horas, de preferencia toda la noche para que hidrate y al hervir sea más rápido. Después del tiempo de reposo, quítale esa agua y vuélvelo a enjuagar.

3. Ponlo a hervir en una olla con los 5 litros de agua y la media cebolla. Pasados 40 minutos de estar hirviendo a fuego medio o cuando el frijol ya esté blandito, sala al gusto y deja hervir otros 15 min.

TIPS

En lo personal congelo en medidas de dos tazas de sólo frijol hervido y aparte su caldo en bolsas de una taza. Como son la guarnición por excelencia es un gran alivio tener en el congelador frijoles siempre listos.

Frijoles refritos

Estos frijoles son la guarnición por excelencia. Son ricos para tacos de frijol al comal, blanditos o dorados, zarandeandos, para los huevos o carne con chile. Los mexicanos acompañamos casi todos nuestros platillos con frijoles refritos.

INGREDIENTES

- ¼ taza / 60 ml de aceite maíz
- ½ pieza / 60 g de cebolla blanca
- 2 tazas / 550 g de frijol de la olla sin caldo
- 1½ taza / 360 ml de caldo de frijol

PREPARACIÓN

1. Calienta el aceite a fuego medio y agrega la cebolla partida en cuadros chicos, déjala dorar ligeramente y agrega el frijol con poco caldo durante 10 minutos mínimo, deja que se refrían, después machácalos, cuando estén listos agrega el resto del caldo a gusto, si los quieres aguados o más firmes dependiendo la preparación, rectifica la sal.

TIPS

El secreto de unos ricos frijoles refritos es dejarlos cocinar varios minutos con un poco de aceite y cebolla, hay quienes dicen que sólo la manteca les da el sabor. Es cierto que la manteca tiene un sabor característico. Sin embargo, se puede lograr un sabor maravilloso con tiempo de cocción.

Junto con la cebolla puedes agregarles un poco de chile serrano finamente picado o un poco de chile chipotle enlatado para que tome otro sabor. Se pueden refreír cuando salen de la olla y congelarlos refritos.

Frijoles puercos

Esta forma de preparar frijoles es muy rica. Quien me contaba de la birria, también lo hacía de los frijoles puercos, por lo que esta receta es el resultado del saber de muchas mujeres. Yo me tomé la libertad de reducir un poco la cantidad de materia grasa, así como cambiar la manteca por aceite, pero si la quieren hacer con manteca sólo cambien la cantidad de mililitros de aceite por su equivalente en gramos de manteca.

INGREDIENTES

- ⅔ taza / 160 ml de aceite
- 1⅓ taza / 240 g de chorizo
- ½ pieza / 60 g de cebolla
- 4 piezas / 52 g de chile chipotle enlatado
- 2 cucharaditas / 10 ml del recaudo del chile chipotle enlatado
- ⅔ taza / 160 ml de caldo de frijol
- 6 piezas / 4 g de chile cola de rata
- 4½ tazas / 780 g frijol cocido sin agua (ver frijoles de la olla)
- 2 piezas / 40 g de sardina enlatada

Decoración

- 50 g de queso seco molido
- ½ taza / 75 g de aceitunas
- 2 piezas / 25 g de chile jalapeño enlatado cortado en rajas muy finas (opcional)
- 100 g de totopos

PREPARACIÓN

1. Toma una sartén amplia bonita, aunque tradicionalmente se hacen en ollas de barro, porque ahí se presentan y cada persona se sirve de la olla.

2. Calienta el aceite y dora el chorizo junto con la cebolla picada finamente hasta que tome un color dorado medio. Luego licua el chile chipotle, con su recaudo y el caldo de frijol, aparte dora los chiles cola de rata. Reserva.

3. Ya que la cebolla tome un tono café sin que esté quemada, incorpora los frijoles, la preparación del chile chipotle y la sardina, deja hervir hasta que reduzca una cuarta parte, durante 15-20 minutos a fuego bajo, moviendo ocasionalmente para que no se queme.

4. Después con la ayuda de un machacador o un brazo para triturar, muele esto hasta que se forme una pasta y vuelve a dejarlo al fuego bajo otros 20 minutos. Mueve constantemente para que no se pegue. Se sabe que están listos cuando la grasa emerge a la superficie.

5. Estos frijoles son compactos, pero si considera que se necesita un poco más de líquido, agrega caldo de frijol.

MONTAJE

1. Si decidió hacerlos en olla de barro decorarlos ahí, si no vaciar los frijoles en un platón bonito para ponerlo en el centro de la mesa y espolvorear el queso, poner estéticamente las aceitunas, rajas de chile jalapeño (opcional), chiles cola de rata fritos y totopos.

TIP

Estos frijoles deben guisarse a fuego lento durante mucho tiempo, como mencioné anteriormente, se sabe que están listos cuando la grasa sube a la superficie.

Arroz blanco

Este estilo de hacer arroz es la guarnición del 50 por ciento de nuestros platillos. Esta es la manera que lo preparaban en mi casa y es similar al de otros hogares, siempre que lo hago gusta mucho, disfrútenlo.

INGREDIENTES

- 1 taza / 200 g de arroz
- ½ pieza / 55 g de zanahoria
- 40 g de ejote
- ½ pieza chica / 40 g de pimiento verde
- 2 tazas / 480 ml de agua
- 2 cucharaditas copeteadas / 12 g de sal
- 1 cucharada copeteada / 15 g de mantequilla
- ¼ pieza / 30 g de cebolla
- 1 pieza / 3 g de ajo
- 40 g de chícharo pelado
- 5 g de perejil

PREPARACIÓN

1. Coloca el arroz en una coladera, enjuágalo y déjalo escurrir. Parte en cuadros chicos la zanahoria, quítale las puntas al ejote y córtalo en trozos de 1 centímetro, parte el pimiento en rodajas.

2. Pon a calentar el agua y sálala, debe quedar ligeramente salada porque quedará bien ya con el arroz y la verdura (agrega poco a poco la cantidad que indico), el agua sólo debe estar tibia.

3. Toma una sartén amplia, ponla sobre el fuego medio, agrégale la mantequilla y cuando comience a derretir incorpora el ajo y la cebolla. Luego el arroz y cuando tome un color transparente, es el momento de agregarle el chícharo, zanahoria y ejote. Deja que se acitronen unos minutos, vierte el agua caliente, las ramas de perejil y las rodajas del pimiento, baja la flama y tápalo.

4. Déjalo cocinar durante 30 minutos y revísalo. Sabrás que está listo porque se habrá hidratado el arroz y no tendrá agua.

5. Pruébalo y si sientes que está un poco duro, y se está quedando sin agua, agrégale un chorrito y si todavía tiene agua, sólo tápalo y déjalo seguir cocinando.

TIP

Cuando al arroz le agregas el agua lo puedes mover un poco para acomodar el arroz y las verduras; después, prohibido tocarlo, tápalo y déjalo cocinar a fuego lento.

Arroz rojo

Este estilo de hacer arroz es la guarnición del otro 50 por ciento de nuestros platillos. Es muy común para acompañar los mariscos. Esta receta es una conjunción de varias entrevistas.

INGREDIENTES

- ¾ tazas / 150 g de arroz
- ½ pieza / 55 g de zanahoria
- 40 g de ejote
- ½ pieza chica / 40 g de pimiento verde
- 3½ tazas / 840 ml de agua, caldo de pollo o caldo de camarón
- 2 piezas / 244 g de jitomate guaje
- ¼ pieza / 30 g de cebolla
- 1 pieza / 3 g de ajo
- 1 cucharada + 1 cucharadita / 14 g de sal
- ¼ taza / 60 ml de aceite
- 40 g de chícharo pelado
- 5 g de perejil

PREPARACIÓN

1. Coloca el arroz en una coladera, enjuágalo y déjalo escurrir.
2. Parte en cuadros chicos la zanahoria, quítale las puntas al ejote y córtalo en trozos de 1 centímetro, corta el pimiento en rodajas.
3. Licua en el caldo de pollo, de camarón o agua el jitomate, cebolla, ajo y la mitad de la sal y hierve ésta salsa, pruébala de sal, si le falta agrégale la otra mitad o lo que sea necesario debe quedar ligeramente salada porque quedará bien ya con el arroz y la verdura.
4. Toma una sartén amplia, ponla sobre el fuego medio-alto, agrégale el aceite y cuando caliente vierte el arroz moviendo ligeramente para que se dore parejo, cuando tome un color trigo es el momento de agregarle el chícharo, zanahoria y ejote, deja que se acitronen unos minutos, retira el exceso de aceite y vierte la salsa de jitomate caliente, las ramas de perejil y las rodajas del pimiento, baja la flama y tápalo.

5. Déjalo cocinar durante 30 minutos y revísalo. Sabrás que está listo porque se habrá hidratado el arroz y no tendrá caldo.
6. Pruébalo y si sientes que está un poco duro, y se está quedando sin agua, agrégale un chorrito del puré y si todavía tiene líquido, sólo tápalo y déjalo seguir cocinando.

TIP

Al arroz, cuando le agregas el puré, lo puedes mover un poco para acomodar el arroz y las verduras; después, prohibido tocarlo, tápalo y déjalo cocinar a fuego lento.

En las mesas nayaritas, como en las del resto de México, siempre hay ciertos aliños que nos realzan el sabor de los platillos y los acompañan, que no son la entrada ni el entremés, como las salsas de mesa, unas quesadillas, las tortillas, un rico queso, jocoque o aguas frescas.

En esta sección le presento esas salsitas que acompañan a los frijoles, a las empanadas de camarón, a las tostadas y algunas bebidas emblemáticas que lo inspirarán a preparar otras bebidas frutales.

Agua de cebada

La cebada es un cereal no originario de México, pero cuando preguntas en Amatlán de Cañas por un platillo típico, incluyen el agua de cebada. Su forma de prepararla es muy rica, también es característica de muchos puestos de tacos. Espero la disfruten.

RENDIMIENTO
- 12 vasos

INGREDIENTES
- 1½ taza / 300 g de azúcar
- 3 ℓ de agua purificada
- 1¼ taza / 150 g de cebada molida para agua
- ½ cucharadita / 4 g de canela molida
- 1 lata / 1½ taza de leche evaporada
- 1 taza de hielo

PREPARACIÓN
1. Primero diluye el azúcar en el agua, luego agrega el resto de los ingredientes y mezcla moviendo con un cucharón.
2. Al verterla en la jarra agrega 1 taza de hielo.

MONTAJE
1. Servir en una jarra de cristal sobre la mesa.

TIPS
Si no te gusta mucho el dulce, puedes agregar la mitad del azúcar, probarla y dejarla a tu gusto, aunque con el hielo las aguas bajan su dulzor.

Agua de mango

Las aguas frescas son un distintivo de México. Son agua licuada con alguna fruta de temporada y azúcar. Nayarit es cuna de este fruto adoptado que ya es de la familia, en temporada se usa para el agua fresca a la hora de la comida. Es muy rica.

RENDIMIENTO

- 12 vasos

INGREDIENTES

- 5 piezas grandes / 4¼ tazas de pulpa mango
- 1 taza / 220 g de azúcar
- 3 ℓ de agua purificada

PREPARACIÓN

1. Licua la pulpa de mango, azúcar y una parte del agua muy bien.
2. Vierte este puré al resto del agua, mueve con un cucharón para disolver todo. Rectifica el sabor, agrégale una taza de hielo y a disfrutar.

MONTAJE

1. Servir en una jarra de cristal sobre la mesa.

TIPS

Puedes utilizar esta proporción para hacer otras aguas frutales como guayaba, fresa, sandía, papaya, etc. Si no te gusta mucho el dulce, puedes agregar la mitad del azúcar, probarla y dejarla a tu gusto, aunque con el hielo las aguas bajan su dulzor.

Guacamole

Es el aliño mexicano por excelencia, en la mesa de mi casa no podía faltar jamás, pues acompaña a las quesadillas, tortillas, frijoles, sopas, chiles capeados e infinidad de preparaciones. Rico como aliño o en reuniones con totopos es fantástico. Aquí presento una de las tantas formas caseras de prepararlo.

INGREDIENTES

- 1½ pieza / 420 g de aguacate mediano (el peso es entero)
- ½ cucharadita copeteada / 3 g de sal
- 1 pieza / 15 g de limón (jugo)
- ¾ pieza / 80 g de cebolla
- 1 pieza / 7 g de chile serrano
- 1 pieza grande / 135 g de jitomate guaje
- 10 g de cilantro (hojas y tallos delgados)

PREPARACIÓN

1. Parte el aguacate por mitad, retira el hueso y saca la pulpa del aguacate, colócala en un tazón medio, espolvoréale la sal y con la ayuda de un tenedor o machacador de frijoles haz un puré, después vierte el jugo de limón, mezcla y reserva.
2. Parte la cebolla, chile serrano (si se pica con semillas quedará más enchiloso) y jitomate en cuadros muy chicos, el cilantro pícalo fino.
3. Mezcla la verdura y el cilantro con el puré de aguacate. Rectifica la sal.

MONTAJE

1. Colócalo en un tazón chico sobre la mesa, lo puedes decorar con hojas de cilantro y totopos encima.

TIPS

El secreto está en que el aguacate tome el sabor de la sal con el limón, y después mezclarle la verdura. Otras opciones son espolvorear encima queso fresco o granada en temporada. Si dejas el hueso de aguacate, ayuda a que no se oxide.

Chile cola de rata triturado

Este chile se encuentra sobre la mesa al momento de comer pozole y se utiliza en algunas preparaciones de mariscos, así que recomiendo tenerlo a la mano para cuando lo necesites.

RENDIMIENTO
- 6 personas

INGREDIENTES
- 10 piezas de chile cola de rata

PREPARACIÓN
1. Tuesta los chiles hasta que tengan un color café dorado, luego triturarlos en la licuadora sin cabos. Guárdalo en un molde hermético.

Salsa verde para mariscos

Es una salsa muy fresca, que acompaña de maravilla las flautas, las empanadas de camarón, ostión y tostadas de ceviche o simplemente con totopos. ¡Ah! Queda picosita, como en Nayarit se usa, pero ustedes tienen el poder de reducir los chiles.

INGREDIENTES
- 3 piezas / 21 g de chile serrano
- 5 piezas / ⅓ taza de jugo de limón
- ½ cucharadita copeteada / 3 g de sal
- 4 vueltas de molino de pimienta
- 40 g de aguacate en cubos chicos
- 40 g de pepino en cubos chicos

PREPARACIÓN
1. Licua el chile sin rabo (en crudo) junto con el jugo de limón, sal y pimienta.
2. Vacía esto a una salsera e incorpora los cuadritos de pepino y aguacate. Rectifica la sal.

MONTAJE
1. Pon la salsa en una salsera al centro de la mesa cuando prepares platillos de mariscos. Es la salsa ideal para chivichangas, empanadas de camarón, tostadas de pulpo y camarón.

TIP

Una variante para que tome una consistencia cremosa es licuarla con el aguacate en lugar de incorporarlo en cubos. Ambas variantes son deliciosas.

Salsa de guaje

El guaje es la semilla contenida en la vaina del árbol del mismo nombre, su sabor es almendrado. Tanto en la sierra de El Nayar, como en algunos otros pueblos del estado, se consume fresco en forma de tortitas con huevo y deshidratado, en salsa. Aunque no la venden en los mercados, es común ver este árbol a pie de carretera, si lo identifican anímense a cortar algunas vainas. Don Ismael, habitante de Jesús María, corta mucho guaje en la temporada, lo tuesta y muele, así tiene asegurada su ración para el resto del año.

INGREDIENTES

- 3 piezas chicas / 1 g de chile cola de rata
- ½ cucharadita /4 g de sal
- 4 cucharadas / 24 g de guaje seco molido
- 1½ taza de agua

PREPARACIÓN

1. Triturar el chile cola de rata con la sal en el molcajete, agrega el guaje, continúa molcajeteando y vierte el agua.

2. Quedará una salsa muy aguada, se debe dejar reposar 10 minutos antes de consumir pues el guaje se hidrata y espesará la salsa. Así de sencilla es deliciosa, acompaña perfecto los tamales de frijol, quesadillas, frijoles, etcétera.

MONTAJE

1. Vaciar en una salsera y ponerla sobre la mesa.

Salsa para zarandeado y otras delicias

Esta salsa acompaña al pescado zarandeado, al frito, a la lisa, pero también a unos frijoles y quesadillas, es decir, es versátil. Me la encontré en muchas mesas. Disfrútenla, pero eso sí, cuando hagan una parrillada al estilo Nayarit, deben hacerla.

INGREDIENTES

- 3 piezas / 366 g de jitomate guaje
- 3 piezas / 3 g de chile cola de rata
- 1 pieza / 3 g de ajo
- ½ pieza / 60 g de cebolla morada
- 1 taza de agua
- 8 g de cilantro
- Sal

PREPARACIÓN

1. En un comal asa el jitomate, chile cola de rata, el ajo con todo y cáscara y la mitad de la cebolla. Cuida de estar volteando todos los elementos para que se asen parejo.

2. Cuando se hayan asado, pásalos a una olla, vierte el agua, tápalos y déjalos hervir a fuego medio durante 10 minutos.

3. Esta salsa es de las llamadas molcajeteadas, pero si tienes prisa, puedes usar la licuadora en impulsos y darle de 3 a 4 moliendas rápidas. Recomiendo el molcajete, tú decides qué utilizar, pero siempre debes pelar el ajo para molerlo con el resto de los ingredientes y la sal, sin agua.

4. Una vez que moliste la salsa, agrégale el cilantro picado y la otra mitad de la cebolla picada en cuadros finos. Rectifica la sal.

MONTAJE

1. Vierte la salsa a una salsera y ponla sobre la mesa.

TIPS

Si usas el molcajete, primero muele el chile cola de rata con la sal, luego el ajo, la cebolla y por último el jitomate. Disfrútala.

Salsa roja con chile cola de rata

Descubrí que esta salsa es básica y característica a lo largo de la costa y altiplano norte, es muy rica, sencilla y fácil de hacer.

INGREDIENTES
- 1 pieza / 122 g de jitomate guaje
- 1pieza / 40 g de tomate verde
- 2 piezas de chile cola de rata
- ⅔ taza / 160 ml agua
- Sal

PREPARACIÓN
1. Hierve a fuego bajo los jitomates, tomate verde, el chile y el agua en una olla tapada durante 15 minutos o hasta que los jitomates cambien de color. Es muy poca agua y no va a cubrir el producto, esto permite que se concentre el sabor.
2. Cuando ya estén cocidos, quítale el rabo a los chiles para licuarlos con los jitomates, tomates verdes y sal al gusto, puedes empezar por ½ cucharadita.
3. Licua poco a poco, para que tenga textura martajada. Prueba el sabor, si le falta sal agrégale.

MONTAJE
1. Sírvela en una salsera y colócala sobre la mesa.

TIPS
Recomiendo el uso del molcajete en este tipo de salsa, el proceso de martajado al ir presionando el chile contra la piedra otorga un sabor que no se logra con la licuadora. Puedes agregar o quitar chiles al gusto, para bajar un poco el picor, al momento de licuar abre los chiles y elimina las semillas.

Con sabor a mar. De Platanitos a Tecuala

Tatemar lisas, zarandear pescados, hacer aguachiles y empanizar lonjas y crustáceos es tarea de estas costas, desde Tecuala hasta Bucerías se disfruta el olor de las marismas.

ALMA VIDAL

Recetas

Aguachile tradicional

El nombre viene de sus dos ingredientes básicos: agua y chile, por lo tanto es un tipo de ceviche muy picante, como decimos, levanta muertos o al día siguiente de haberse pasado de copas un aguachile te alivia. Se acompaña de tostadas y sus únicas verduras son rodajas de pepino, cebolla morada y jitomate.

INGREDIENTES

- ½ taza de agua
- 6 piezas / 42 g de chile serrano
- 7-8 piezas / ⅔ taza de limón
- 1½ cucharadas / 10 g de sal
- 6 vueltas de molino de pimienta
- 1.080 kg de camarón mediano entero (al pelarlo quedan aproximadamente 650 g)
- 2½ piezas / 355 g de pepino
- ½ pieza /60 g de cebolla morada
- 1 pieza / 122 g de jitomate (opcional)

PROCEDIMIENTO

1. Licua el agua, chile, jugo de limón, sal y pimienta. Prueba, debe quedar ligeramente salado.
2. Lava y pela los camarones (puedes congelar las carcasas) y si tiene buen tamaño lo puedes partir por mitad a lo largo o dejarlo entero.
3. Acomódalo en el platón donde lo vayas a presentar y vacía el aguachile para que vaya tomando el sabor del chile.
4. Pela y parte el pepino en rodajas, la cebolla en medias lunas muy finas y el jitomate en rodajas.

MONTAJE

1. Encima del camarón ve acomodando las rodajas de pepino, las medias lunas de cebolla y las rodajas de jitomate, a un lado un canasto con tostadas.

TIPS

Prepara el aguachile cuando estés a punto de comerlo, si no el camarón se hará blanco y perderá su consistencia. Se come prácticamente crudo. Claro que le puedes bajar la proporción del chile.

Aguachile especial

Esta preparación tiene una ligera variante al tradicional que le da un toque diferente, es muy rico y refrescante. Este es menos picante.

INGREDIENTES
- 1.080 kg de camarón mediano entero (al pelarlo quedan aproximadamente 650 g)

Salsa aguachile
- ½ taza de agua
- 5 piezas / 35 g de chile serrano
- 7-8 piezas / ⅔ taza de limón
- 20 g de cilantro entero sin raíz
- ½ pieza / 70 g de pepino
- 1½ cucharadas / 10 g de sal
- 6 vueltas de molino de pimienta

Montaje
- 2½ piezas / 355 g de pepino
- ½ pieza / 60 g de cebolla morada
- 1 aguacate

PROCEDIMIENTO
1. Licua el agua, chile, jugo de limón, cilantro, la media pieza de pepino entero, sal y pimienta. Prueba, debe quedar ligeramente salado.
2. Lava y pela los camarones (puedes congelar las corazas) y si tiene buen tamaño lo puedes partir por mitad a lo largo.
3. Acomódalo en el platón donde lo vayas a presentar y vacía el aguachile, para que vaya tomando el sabor del chile.
4. Pela y parte el pepino en rodajas, la cebolla en medias lunas muy finas y el aguacate en rebanadas.

MONTAJE
1. Encima del camarón ve acomodando las rodajas de pepino y las medias lunas de cebolla y el aguacate. Puedes decorar con hojas de cilantro, al lado un canasto con tostadas.

TIPS
Prepara el aguachile cuando estés a punto de comerlo, si no el camarón se hará blanco y perderá su consistencia. Se come prácticamente crudo.

Callo de hacha al natural

Este es un molusco bivalvo de consistencia firme y suave a la vez, de sabor muy característico. Si no lo has probado, anímate, es muy rico. En Tepic es parte de la cotidianeidad ver a personas con hieleras vendiéndolo en ciertos camellones. Esta preparación es *vox populli*, la forma más común de prepararlos.

INGREDIENTES

- 640 g de callo de hacha
- 2 piezas / 244 g de jitomate
- 1 pieza / 120 g de cebolla morada
- 2 piezas / 14 g de chile serrano
- 5 piezas grandes / 125 g de limón
- 1 cucharadita / 4 g de sal
- 4 vueltas de molino de pimienta
- 12-18 tostadas

PROCEDIMIENTO

1. Cada callo tiene un recubrimiento en su perímetro, con la ayuda de un cuchillo pequeño y filoso quítaselo.
2. Una vez que estén limpios, parte el callo en rodajas de medio centímetro de grosor, el jitomate en rebanadas finas, la cebolla en medias lunas delgadas, el chile serrano en tiras finas sin semillas y parte el limón por mitad.

MONTAJE

1. Elige un platón alargado bonito y ahí coloca alternadamente rodajas de jitomate, callo, cebolla, salpimienta y exprime los limones, culmina con las tiras de chile serrano.
2. Al lado del platón acomoda las tostadas. Pueden elegir comerlo sobre tostadas o con tenedor.

TIP

Exprime el limón justo antes de servir, porque si se queda mucho tiempo con el limón la consistencia cambia. Pon la mitad de la sal primero, prueba y luego el resto. La sal debe quedar justa.

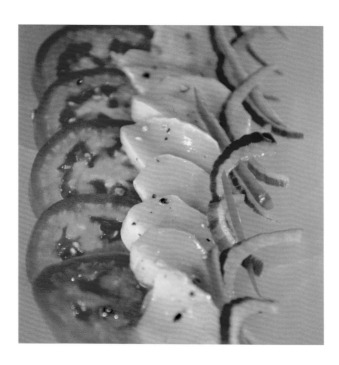

Callo de hacha en ensalada

Esta preparación es otra forma común de prepararlos, mi hermana Florencia es experta. Esta es su receta.

INGREDIENTES

- 640 g de callo de hacha
- 1 pieza / 120 g de cebolla morada
- 4 piezas / 560 g de pepino
- 1 pieza / 264 g de aguacate
- 3 piezas / 21 g de chile serrano
- 1 cucharadita / 4 g de sal
- 4 vueltas de molino de pimienta
- 5 piezas grandes / 125 g de limón
- 12-18 tostadas

PROCEDIMIENTO

1. Cada callo tiene un recubrimiento en su perímetro, con la ayuda de un cuchillo pequeño y filoso, quítaselo. Luego corta en cubos chicos el callo, la cebolla, el pepino, aguacate y chile serrano.
2. Mezcla todo en un tazón, salpimienta y agrégale el jugo de limón, vuelve a mezclar.
3. Prueba si está justo de sal, si no agrégale un poco.

MONTAJE

1. Elige un platón bonito y ahí coloca la ensalada. Al lado del platón acomoda las tostadas. Pueden elegir comerlo sobre tostadas o con tenedor.

TIP

Pon la mitad de la sal primero, prueba y luego el resto. La sal debe quedar justa. Vierte el jugo de limón justo antes de servir, porque si se queda mucho tiempo con el limón la consistencia del callo cambia. Al incorporar todos los ingredientes de la ensalada, hazlo con cuidado para que no se desbarate el aguacate. Elige un aguacate firme y maduro.

Ceviche de camarón fresco

Para realizar este ceviche se utiliza lo que llamamos camarón cevichero: un camarón pequeño, el toque de cilantro le da mucha frescura. Se disfruta mucho en los días de calor acompañado de una bebida burbujeante.

INGREDIENTES

- 1.080 kg de camarón mediano entero (650 g de camarón pelado)
- 1 pieza / 120 g de cebolla morada
- 2 piezas / 280 g de pepino
- 2 piezas / 244 g de jitomate guaje
- 3 piezas / 21 g de chile verde
- 20 g de cilantro (tallos delgados y hojas)
- 1¼ cucharadita / 5 g de sal
- 5 vueltas de molino de pimienta
- 4 piezas / 80 ml de jugo de limón

PROCEDIMIENTO

1. Pela y limpia el camarón (puedes congelar las corazas), corta la cebolla, pepino, jitomate y chile verde en cuadros chicos; el cilantro finamente picado.
2. Luego en un tazón mezcla el camarón con el chile y poca sal, déjalo macerar un par de minutos, incorpora el resto de la verdura, salpimienta y vierte el jugo de limón.
3. Deja reposar 2 minutos y prueba de sal.

MONTAJE

1. Vierte el ceviche en un platón bonito o en tazones a lo largo de la mesa, y sirve tostadas en un canasto.

TIPS

Usa el camarón chico, si no lo encuentras, parte el camarón de manera que quede de 5 mm de grosor, es lo que llamarían callitos de camarón.

Ceviche de sierra

Este ceviche es el más tradicional y buscado porque se elabora con pescado cocido, por lo que las mujeres embarazadas y niños lo pueden consumir sin peligro alguno, es muy fresco.

INGREDIENTES

- 620 g de filete de sierra molido
- 2 piezas / 220 g de zanahoria
- ½ pieza / 60 g de cebolla morada
- 30 g de cilantro (hojas y tallos delgados)
- 6 piezas / ½ taza de jugo de limón
- 1 cucharada / 8 g de sal
- 16 vueltas de molino de pimienta
- 12-18 tostadas
- 6 limones
- 1 aguacate (opcional)

PROCEDIMIENTO

1. Pon a cocer el filete de sierra molido en una vaporera para que no absorba agua. Hierve el agua y cuando suelte el hervor coloca el filete molido, está listo en cuanto el pescado cambia de color, no lo dejes mucho tiempo porque se reseca. Retíralo del fuego y pásalo a un molde a enfriar.
2. Pela y ralla la zanahoria, pica en cuadros chicos la cebolla y el cilantro finamente con las ramas más chicas (reservar algunas hojas enteras para decoración).
3. Mezcla todos los ingredientes y vierte el jugo de limón poco a poco, agrega la mitad de la sal, pimienta, incorpora muy bien y rectifica el sabor.

MONTAJE

1. Vacía el ceviche en un tazón bonito al centro de la mesa, decóralo con hojas frescas de cilantro, coloca en un canasto las tostadas, en un plato rebanadas de aguacate y en otro limones partidos en cuatro.
2. Puedes tener en la mesa la salsa verde para marisco (ver página 80).

TIPS

En cuanto veas que el pescado se volvió blanco, sácalo del agua. Es importante que lo hagas en una rejilla para cocinar al vapor.

Ceviche de camarón seco

Esta es una preparación deliciosa, ideal como botana en una reunión o entrada. Muy refrescante en los días de calor, se come sobre tostadas y es característica de la zona costera cerca de Tuxpan. A mí me gusta mucho y se puede preparar fácilmente prácticamente en todo el mundo, pues el camarón seco lo puedes encontrar en los barrios chinos.

INGREDIENTES

- 1½ taza / 100 g de camarón seco chico sin cabeza (presiona el camarón, debe quedar sobre el borde de la taza, no de la medida que marca 240 ml)
- ¾ pieza / 90 g de zanahoria
- 2 piezas / 240 g de pepino
- 1¼ pieza / 180 g de cebolla morada
- 2 piezas medianas / 250 g de jitomate guaje
- 5 piezas / 30-35 g de chile serrano
- 1 manojo grande / 40 g de cilantro (hojas y tallos delgados)
- 3½ piezas / ¼ taza jugo de limón

PROCEDIMIENTO

1. Tritura el camarón en la licuadora o en el procesador en tres o cuatro partes, es decir, primero media taza, luego otra media taza, hasta concluir. El camarón debe quedar triturado término medio fino, no polvo pero tampoco con trozos enteros.
2. Pela y ralla la zanahoria y el pepino (con todo y semilla).
3. Pica en cuadros chicos la cebolla, el jitomate y chile serrano, el chile puede ir con todo y semilla si se desea muy enchiloso, de lo contrario quítaselas, pica el cilantro no tan fino, pero reserva algunas hojas de decoración.
4. Mezcla todos los ingredientes y vierte el jugo de los limones. Incorpora muy bien.

MONTAJE

1. Puedes servir de manera individual, colocando ceviche en tazones chicos sobre platos individuales y totopos o en un tazón mediano sobre la mesa y tostadas o totopos al lado para que cada comensal se sirva.

TIPS

Utiliza el camarón seco chico y que sea de la temporada. Si no te gusta lo enchiloso elimina o reduce el chile. Este ceviche tiene una durabilidad de 2 días máximo en el refrigerador. No se puede congelar.

Cucarachas de camarón

Ignoro quién bautizó a estos increíbles camarones fritos como cucarachas, pero son riquísimos para botanear. No te dejes intimidar por el nombre. En San Blas, doña Carmen me los enseñó de forma casera y luego en Mariscos Chava, Amparo Irene en Sentispac me dio otros secretos de cocina.

INGREDIENTES

- 500 g de camarón chico con cabeza
- 2 cucharaditas de chile cola de rata triturado (ver página 80)
- 2 piezas / 6 g de ajo
- 1¼ cucharadita de sal
- 4 vueltas de pimienta
- 2½ tazas / 600 ml de aceite

PROCEDIMIENTO

1. Lava el camarón muy bien, escúrrelo en un colador. Pasa los camarones enteros a un tazón para agregarle el chile cola de rata, ajo prensado, sal y pimienta. Déjalos macerar 5 minutos mientras se calienta bien el aceite en una sartén con profundidad, puede ser un wok o lo que tengas a mano.

2. Cuando el aceite esté bien caliente (es un secreto), vierte de golpe los camarones, mueve un poco y déjalos dorar durante mínimo de 7 a 10 minutos. Están listos cuando estén bien crujientes.

MONTAJE

1. Pásalos a un platón bonito y a los costados pon rebanadas de limón partido a lo largo.

TIPS

Es muy importante que utilices camarón chico, si usas uno mediano no quedarán crujientes.

Empanadas de camarón

Estas empanadas tienen muchas variantes, desde la preparación de la masa hasta el relleno. No obstante, todos coinciden en que el sabor es mejor cuando la masa es de nixtamal, aunque si no hay otra opción puedes utilizar harina de maíz nixtamalizado. Si se hacen empanadas pequeñas son ideales para un aperitivo, pero si se hacen de tamaño normal las puedes comer como un principal o entrada.

INGREDIENTES
- 1 receta de masa para empanadas y chivichangas (ver página 68)

Relleno
- 1.350 kg de camarón mediano con cabeza
- 2 piezas / 240 g de cebolla
- 4¼ piezas / 520 g de jitomate guaje
- 3 piezas / 21 g de chile serrano
- 3 cucharadas / 45 ml de aceite
- 1 cucharadita de sal / 4 g de sal
- 2 vueltas de molino de pimienta
- 1½ taza de aceite para freír
- 1 pieza de aguacate en rebanadas
- 2 jitomates en rodajas para servir
- Salsa verde para mariscos (ver página 80)

PROCEDIMIENTO
1. Pela el camarón quitándole la cabeza y la coraza (congélalas para que puedas hacer caldo de camarón posteriormente), luego corta en cuadros chicos el camarón, la cebolla, jitomate y chile serrano.
2. Toma una sartén amplia y vierte ahí el aceite, cuando tome temperatura agrega la cebolla y el chile primero, cuando la cebolla transparente con un ligero color dorado, agrega el jitomate, sal y pimienta, espera a que se guise el jitomate, después de 4 minutos agrega el camarón, mueve esta preparación para que se incorpore y déjala cocinar 6 minutos, el aroma es un buen indicador.
3. Prueba de sal, el camarón debe estar cocido sin resecarse, el guiso húmedo. En cuanto esté listo apaga el fuego y reserva, debes dejar que enfríe antes de armar las empanadas.
4. Cuando el guiso esté a temperatura ambiente o frío, pon en una sartén con profundad el aceite para freír y caliéntalo.
5. Mientras se calienta el aceite, haz bolitas de masa de aproximadamente 30 g, coloca cada porción de masa entre 2 plásticos y con una máquina manual para hacer tortillas, elabora los discos que deben quedar redondos de aproximadamente 13 cm de diámetro. Si no cuentas con este aparato, puedes extender los discos con un rodillo de cocina.
6. Rellena cada disco con 20 g de relleno, dobla por la mitad la masa con el relleno ayudándote del plástico. Cierra cuidando que los bordes coincidan y presiona con un tenedor las orillas para asegurar que cierre bien y coloca cada empanada en abundante aceite caliente.
7. Cada empanada debe estar cocinándose mínimo 5 minutos. Sabrás que está lista cuando la sientas firme por fuera y cuando la golpees con la pala se escuche crujiente. Al sacarla, sacude el exceso de aceite y sécalas con papel absorbente.

MONTAJE
1. Sobre un plato plano haz una cama de col picada, coloca encima dos empanadas por plato, rebanadas de aguacate, rodajas de jitomate y salsa verde para mariscos.

TIPS
No rellenes la empanada con el guiso caliente, se romperá la masa.

Ensalada y tostadas de camarón y pulpo

Cuando no tienes ganas de comer nada enchiloso lo que corresponde es hacer una ensalada o unas tostadas de esta ensalada. Esta preparación puede ser de camarón o pulpo cocidos acompañados de jitomate, cebolla y pepino; al lado tostadas para acompañar. Si se utilizan ambos mariscos se llama ensalada mixta. Cuando se montan en tostadas, entonces son tostadas de camarón, pulpo o mixtas.

INGREDIENTES

- 1 kg de pulpo (para su cocción ver pagina 65)
- 900 g de camarón mediano entero
- 1 ℓ de agua
- 1 cucharadita de sal
- 2 piezas / 280 g de pepino
- 2 piezas / 288 g de jitomate guaje
- ½ pieza / 60 g de cebolla morada
- 1 aguacate (opcional)
- Sal
- Pimienta
- 3-6 limones
- Salsa verde para mariscos (ver página 80)
- Tostadas de su preferencia

PROCEDIMIENTO

1. Cuece el pulpo, parte los tentáculos en rodajas y la cabeza en cuadros.
2. Aparte cuece los camarones a partir de agua hirviendo con poca sal, en cuanto se vuelvan rojos sácalos y pélalos.
3. Parte el pepino y jitomate en rodajas finas, la cebolla en medias lunas delgadas y el aguacate en rebanadas finas.

MONTAJE

Ensalada

1. Coloca sobre un platón los camarones o el pulpo o ambos, si elige hacerla mixta, luego la cebolla, jitomate y pepino en todo el platón, salpimenta al gusto y exprime un poco de limón.
2. En la mesa se coloca el resto de los limones, además de tostadas.

Tostadas

1. Sobre la tostada se hace una ligera cama de pepino, cebolla, jitomate, encima el camarón o pulpo, o si son mixtas ambos mariscos, se salpimienta ligeramente, se le exprime un poco de limón y junto a cada plato, limón partido.

TIPS

Como la estrella son los mariscos, el pulpo debe estar bien suave y el camarón cocido pero firme. Así que cuida mucho la cocción de estos mariscos.

Jugo de camarón seco

Este jugo es muy rico, cuando era estudiante de literatura y recolectora de recetas, mi amiga Livier Maciel me enseñó a hacer este jugo. Es una entrada o primer tiempo ideal.

INGREDIENTES

- 2 piezas chicas / 240 g de papa
- 1 pieza / 110 g de zanahoria
- 1 pieza / 120 g de chayote
- 3 ℓ de agua
- 80 g de camarón seco sin cabeza, ni cola (recomiendo el chico)
- 2 piezas / 1-2 g de chile cola de rata
- 1 pieza grande/ 10 g de chile guajillo
- 20 g de cilantro (sólo hojas y tallos delgados)

Para acompañar
- ½ pieza / 60 g de cebolla
- 1 pieza / 140 g de pepino
- 1 pieza / 122 g de jitomate guaje
- 6 limones
- Tostadas

PROCEDIMIENTO

1. Vamos a iniciar por cortar en cuadros chicos una papa, zanahoria y chayote.
2. Ahora vas a poner a hervir el agua con la otra papa y los chiles.
3. Tuesta ligeramente el camarón seco sin que tome coloración.
4. Cuando la papa esté cocida y los chiles hidratados, pela la papa, desvena los chiles y licúalos con un litro del agua de cocción junto con 15 gramos de cilantro y 50 g de camarón seco. Muele esto muy bien porque no se va a colar, por esto desvenamos los chiles y pelamos la papa. De aquí la importancia del camarón chico para que no quede pastoso.
5. Vierte esto al resto del agua de cocción, mezcla y deja hervir a fuego medio, cuando suelte el hervor baja el fuego.
6. Después de 10 minutos de cocción agrega el camarón seco restante, la papa, zanahoria y chayote partidos para que se cocinen y rectifica la sal, seguramente necesitaras muy poca porque el camarón seco es salado.
7. Durante el tiempo de cocción del caldo, vas a cortar finamente en cuadros la cebolla, pepino y jitomate, poniéndolos en tazones separados.
8. Cuando estés por servirlo, agrega el resto del cilantro picadito. Sabes que está listo cuando la verdura esté suave.

MONTAJE

1. Esta entrada se sirve en vasos cortos de 180 ml de capacidad.
2. Sirve el jugo del camarón, de 5 a 6 camarones por vaso, y tradicionalmente encima la verdura picada.
3. Otra opción es poner la verdura en moldes bonitos sobre la mesa para que cada quien prepare el caldo a su gusto, así como los limones partidos en cuatro a lo largo y un canasto con tostadas.

TIPS

Insisto, utiliza de preferencia camarón seco chico, si no tienen a la mano y sólo tienen grande lo deberán limpiar muy bien, quitarle la cabeza, cola y toda la coraza.

Jugo y coctel de camarón fresco

En Nayarit, los mariscos son muy naturales, la manera tradicional de elaborar este jugo es con el concentrado del marisco y servirlo caliente. Este jugo es muy rico y sencillo, ideal para abrir el apetito.

INGREDIENTES

- 550 g de camarón mediano con cabeza (ver caldo básico de camarón página 64)
- 2 cucharadas / 30 ml de aceite
- ¼ pieza / 30 g de cebolla
- 1 pieza / 3 g de ajo
- 1 cucharadita / 4 g de sal
- 2½ ℓ de agua
- 20 g de cilantro

Para acompañar
- ½ pieza / 60 g de cebolla
- 1 pieza / 140 g de pepino
- 3 piezas / 21 g de chile serrano
- 1 pieza / 122 g de jitomate guaje
- ½ pieza de aguacate (opcional)
- 6 limones
- Tostadas

PROCEDIMIENTO

1. Primero debes lavar muy bien el camarón, se enjuaga bajo el chorro de agua, porque vamos a necesitar las corazas. Quítales la coraza y la cabeza (resérvalas); recuerda quitarle la tira negra del lomo, resérvalos en el refrigerador.

2. Ahora vas calentar una olla mediana y ahí vas a verter el aceite y cuando veas que está tomando temperatura media vas a agregar el ajo y la cebolla partidos en cuadros medianos a dorar, después incorpora todas las corazas de camarón y presiona las cabezas contra la olla, para sacarles el coral hasta que se vuelvan rojas y bien doradas, se necesita la olla y el aceite caliente para lograr este efecto, sino sólo se van a cocer en su jugo: lo que deseamos es dorarlas para intensificar el sabor para luego extraerlo en la cocción. En el momento que veas que las mismas cabezas de camarón sacan su jugo rojo agrega la sal y vierte el agua, con la rama de cilantro, deja hervir cerca de 20 minutos, rectifica la sal.

3. Luego vas a colar este caldo hacia otra olla, al momento de colar presiona fuerte sobre la coladera las corazas y cabezas para extraer todo su sabor.

4. Durante el tiempo de cocción del caldo, vas a cortar finamente en cuadros la cebolla, pepino, chile verde sin semillas y jitomate, poniéndolos en tazones separados y al final para que no se oxide, rebana el aguacate.

5. Ahora sí, sobre este caldo lleno de sabor, cuando estés a punto de comerlo, agrega los camarones pelados para su cocción.

MONTAJE

1. Esta entrada se sirve en vasos cortos de 180 ml de capacidad o en copas de coctel. Sirve el jugo del camarón, de 5 a 6 camarones por vaso y tradicionalmente encima la verdura picada. Otra opción es poner la verdura en recipientes bonitos sobre la mesa para que cada quien prepare el caldo a su gusto, así como los limones partidos en cuatro a lo largo y un canasto con tostadas.

2. El coctel de camarón utiliza la misma preparación pero se sirve el caldo frío en una copa chica, se le agrega salsa cátsup y normalmente se acompaña de galletas saladas.

TIPS

A lo largo de las recetas, insisto en que se guarden las cabezas y corazas del camarón. Este concentrado, entre más cabezas tenga mejor, así que si tienes en el congelador algunas es el momento de sacarlas.

Marlin ahumado en escabeche

El marlin ahumado es muy tradicional de Mazatlán. Con el paso del tiempo se importó a tierras nayaritas, pero donde se adoptó con ahínco fue en Tepic. Es una entrada muy deseada o puede convertirse en el plato principal o botana en reuniones. En casa, mi hermana Lilián es la experta. Esta es su receta.

INGREDIENTES

- 500 g de marlin ahumado
- 1¾ pieza / 185 g de zanahoria
- ⅓ pieza / 450 g de repollo blanco
- 2 piezas / 240 g de cebolla
- ½ taza más 2 cucharadas/ 150 ml de aceite de oliva
- 5 cucharadas / 75 ml de vinagre de manzana
- 1 hoja de laurel
- 10 vueltas de molino de pimienta
- ½ cucharadita de orégano
- 1 cucharadita / 4 g de sal
- 2½ piezas / 24 g de chile jalapeño enlatado (en conserva)

PROCEDIMIENTO

1. Desagaja la lonja de marlin ahumado en trozos de chicos a medianos. Ralla la zanahoria, rebana finamente el repollo y corta la cebolla en medias lunas muy delgadas.
2. En una cazuela amplia y con profundidad, vierte el aceite de oliva, vinagre, laurel, pimienta, orégano (ponlo entre tus manos y tritúralo) y la sal. Ponlo a fuego medio, cuando se caliente agrega la cebolla, zanahoria y repollo, deja cocinar 15 minutos a fuego medio bajo. Mueve con frecuencia.
3. Todas estas verduras van a reducir casi a la mitad, sobre todo el repollo al cocinarse. Pasado este tiempo, incorpora el marlin, chile jalapeño cortado en rajitas, tapa, baja el fuego y deja cocinar media hora, mueve de vez en cuando.

MONTAJE

1. Sirve sobre tostadas o en tacos de manera individual. También puedes servirlo en un tazón sobre la mesa y tostadas por un lado, para que cada comensal tome la porción deseada.

TIPS

Recomiendo que aunque sean pocos en la familia hagan la receta completa y congelen el resto, pues luego se podrán hacer tacos zarandeados de marlin.

Marlin a la mexicana

Esta es otra manera de hacer marlin que mi hermana Lilián también prepara. Ya sea sobre tostadas, tacos o solo, es simplemente riquísimo.

INGREDIENTES

- 1 pieza chica / 100 g de papa
- 1 pieza / 110 g de zanahoria
- 1½ pieza / 180 g de cebolla
- 3 piezas / 50 g de chile jalapeño en conserva
- 500 g de marlin ahumado
- ⅓ taza / 80 ml de aceite de oliva
- 100 g de chícharo pelado natural
- ½ taza / 75 g de aceituna verde con hueso
- 2 cucharadas / 20 g de alcaparras
- ½ cucharadita de sal
- 8 vueltas de molino de pimienta
- 2 tazas / 480 ml de puré de jitomate básico (ver página 69)

PROCEDIMIENTO

1. En el caso del puré de jitomate, te recomiendo elaborarlo con base en productos naturales, así evitarás muchos conservadores en tu cuerpo y el de tu familia, además el sabor no tiene comparación. Es fácil prepararlo, sólo hierve y licua los jitomates.
2. Parte la papa y zanahoria en cuadros chicos, la cebolla en medias lunas finas, el chile jalapeño en cuadritos muy chicos.
3. Desprende la lonja de marlin ahumado en gajos chicos.
4. Una vez que tienes esto partido y el puré listo, ya todo es muy fácil, el resto es trabajo del fuego.
5. Toma una sartén amplia y con altura, vierte aquí el aceite de oliva y cuando el aceite tome temperatura media agrega la cebolla, deja cocinar y cuando transparente agrega el puré y deja hervir 8 minutos.
6. Retira el exceso de espuma, luego incorpora el marlin, la verdura, aceitunas, alcaparras, chile jalapeño, sal y pimienta.
7. Tapa y deja hervir a fuego lento de 40 a 50 minutos, moviendo ocasionalmente. La verdura se debe cocinar y todos los sabores formar uno nuevo. Queda delicioso.

MONTAJE

1. Servir sobre tostadas, en tacos dorados o solo. Se puede poner en un lindo tazón sobre la mesa junto a las tostadas.

TIP

Deja que el fuego lento y el tiempo hagan su trabajo, no quieras tenerlo listo en 20 minutos porque no resultará. Pero es maravilloso que se pueda congelar este guiso, si te sobra o haz una receta más para congelar y así tendrás para las visitas inesperadas, días ajetreados o tacos zarandeados cuando decidas hacerlos.

Paté de camarón fresco

Este paté surge en la región de Mexcaltitán, los habitantes de los poblados aledaños lo consumen de forma casera y se desconoce en otras regiones de la costa. Esta es mi versión basándome en las descripciones de la señora Rosalía, de Boca de Camichín; de Amparo Irene, en Sentispac y mi hermana Lilián.

INGREDIENTES

- 1 kg de camarón fresco mediano con cabeza
- 1 pieza grande / 13 g de chile jalapeño enlatado
- 4 tazas / 960 ml de agua
- 1 pieza / 140 g de papa
- ½ pieza / 55 g de zanahoria
- 12 vueltas de molino de pimienta
- ½ cucharadita / 2 g de sal
- ½ taza / 120 ml de crema
- 1 cucharada / 15 ml de caldo de chile jalapeño enlatado

PROCEDIMIENTO

1. Pela los camarones y congela las corazas.
2. Quítale las semillas al chile y pártelo en cuadros muy finos, casi imperceptibles.
3. Vierte el agua en una olla y pon a hervir junto con la zanahoria y la papa. No agregues la verdura cuando esté caliente el agua, las verduras altas en almidón deben hervir junto con el agua. Revísala dentro de 15 minutos, cuando puedas insertar un cuchillo con facilidad están listas.
4. En esa misma agua caliente vierte los camarones, unos minutos hasta que cambien de color. Sácalos del agua y déjalos enfriar.
5. Ve pelando la papa y pásala a un tazón amplio junto con la zanahoria, salpimienta (con la mitad de la sal) y con la ayuda de un machacador de frijoles u otro instrumento, haz puré la papa junto con la zanahoria —no utilices ningún aparato eléctrico, si no tomará una consistencia no deseada (babosa)—.
6. Cuando el camarón esté a temperatura ambiente, lo puedes triturar en tres partes en la licuadora o un procesador, no debe quedar muy molido.
7. Incorpora el camarón al puré de papa y zanahoria, mezcla muy bien, con una espátula incorpora la crema, el chile jalapeño, su caldo, sigue mezclando, prueba de sal y rectifica.

MONTAJE

1. Pásalo a un tazón o plato bonito, a un lado coloca galletas saladas y tostadas dentro de un canasto.

TIPS

No sobre cuezas la papa, porque absorberá mucha agua y el resultado no será el adecuado, tampoco batir con ningún aparato eléctrico.

Paté de camarón seco

Este paté de sabor fuerte es una joya de la gastronomía de la costa, poco conocida y muy fácil. A mí me
la compartió la Sra. Rosaura Castañeda, originaria de
Tecuala. Excelente como entrada para untar sobre
galletas saladas o tostadas.

INGREDIENTES

- 1 taza de agua
- 5¼ piezas medianas / 210 g de tomate de hoja
- 1 pieza / 130 g de jitomate guaje
- 2-3 piezas chicas / 3 g de chile cola de rata
- 1 cucharada / 15 ml de aceite neutro
- 1¼ taza / 80-86 g de camarón seco chico sin
  cabeza

PROCEDIMIENTO

1. Pon a hervir el agua con los tomates de hoja, jitomates y chile cola de rata en una olla tapada, es
   poca agua para que no la absorban tanto.
2. Calienta una sartén amplia, vierte el aceite y dora
   ahí ligeramente los camarones y resérvalos.
3. Cuando ya estén cocidos los jitomates y chiles,
   que hayan cambiado de color, sácalos de la olla y
   ponlos en la licuadora sin agua de cocción, junto
   con los camarones.
4. Licua o procesa, hasta que se haya formado una
   pasta un tanto aguada.
5. Coloca esta pasta en un recipiente, deja que baje
   la temperatura y refrigérala antes de consumir
   para que tome la consistencia deseada.

MONTAJE

1. Cuando ya lo vayan a consumir, ponlo en una lindo tazón chico y al lado, tostadas de maíz, totopos
   y/o galletas saladas. Para los amantes de los sabores fuertes les encantará.

TIPS

Siguiendo las consideraciones sobre el camarón seco,
recomiendo que se utilice el camarón seco chico y que
no esté viejo. El camarón seco es salado, por eso no
menciono la sal en la receta, pero como la salinidad varía
dependiendo del producto, recomiendo que lo pruebes
y si le falta sal, sólo rectifica el sabor o si por el contrario, el camarón es muy salado, recomiendo agregarle
un poco más de tomate verde cocido. La receta queda
picosa, si no se desea un paté tan chiloso, puedes reducir
el número de chiles o si te gusta más picante, agrégale
más.

Tamal botanero de camarón seco

Estos tamales son muy típicos de Acaponeta, también los encontré en Santa Cruz de las haciendas con la señora Candelaria Amparo. Se llaman botaneros por ser del tamaño de un bocado, tiene mucho camarón seco en la masa y son picosos e ideales para botanear con una cerveza. Quien me enseñó esta receta es la señora Rosario Páez de Acaponeta.

RENDIMIENTO

- 46 piezas

INGREDIENTES

- 19 hojas de tamal
- 2¼ tazas / 540 ml de agua
- 2½ piezas / 20 g de chile guajillo
- 4 piezas / 2 g de chile cola de rata
- 2 tazas / 145 g de camarón seco (sin cabeza) = 3½ taza / 200 g de camarón seco con cabeza
- 1 pieza / 7 g de chile serrano
- ½ cucharadita / pizca de orégano
- 3 tazas / 350 g de harina de maíz nixtamalizado
- 1 pieza / 3 g de ajo
- ¾ tazas /180 ml de aceite de maíz (puedes agregar ¼ taza / 60 ml más)

PROCEDIMIENTO

1. Vamos a iniciar por preparar las hojas de maíz como indico en consideraciones (ver página 60).
2. Pon a entibiar 1 taza de agua con el chile guajillo y cola de rata, una vez tibia el agua, déjalos reposar durante 8 minutos.
3. Mientras tanto, tritura finamente en la licuadora o procesador el camarón seco sin cabeza hazlo en tres o cuatro partes, recuerda que sea chico y viértelo a un tazón grande.
4. Cuando hayan hidratado los chiles guajillo y cola de rata lícualos con el chile serrano en crudo, orégano, la taza de agua y el ajo.
5. Vierte esta salsa colándola al camarón seco triturado fino, así como el resto del agua, mezcla y deja que el camarón hidrate.

6. Enseguida agrega el harina de maíz, amasa hasta que se hidrate muy bien sin que esté aguada. Esta consistencia es importante, cuida que no haya grumos, si la sientes muy seca, puedes agregarle una cucharadita más de agua, pero no más.
7. A continuación debes incorporar el aceite batiendo constantemente con la mano hasta que la masa tome una consistencia ligeramente esponjosa, aproximadamente 15 minutos.
8. Pruébala de sabor, el camarón seco es salado, pero todo depende del producto, si crees que le falta una pizca de sal agrégasela. La masa queda ligeramente pegajosa.

MONTAJE

1. En una hoja de tamal extiende poca masa a lo largo, cierra la hoja envolviendo y amarra primero un extremo, a los dos centímetros haz otro nudo y otros más hasta que se formen tres bolitas. Si la hoja es muy larga puedes hacer cuatro bolitas. Es decir, no tienes que hacer bolitas individuales.
2. Cuando termines, colócalos en una vaporera durante 25 a 35 minutos.

TIPS

Debes cuidar varios factores como utilizar un camarón seco chico, de lo contrario límpialo bien. Debes batir muy bien la masa y cuida el tiempo de cocción, el tiempo se cuenta una vez que el agua inicia a hervir, pues es cuando hace vapor. Si los dejas mucho tiempo se hacen duros. Si los quieres menos picantes reduce el número de chiles. Por último, estos tamales son una delicia, si vas a hacer, te sugiero hagas 2 recetas y congeles lo que no necesites, así tendrás para cualquier imprevisto, si de plano te da flojera encárgale a la señora Rosario.

Dora González, sumiller del restaurante Emiliano, nos sugiere maridar estos tamales con un lambrusco, como el de Grasparossa di Castelvetro.

Albóndigas de camarón con taxtihuil

Las albóndigas de camarón surgen en Mexcaltitán y es común en las familias de los pueblos aledaños. Se suele consumir con taxtihuil y acompañarse con queso fresco y rebanadas de aguacate. Las mejores que he probado hasta hoy son de mariscos Chava en Sentispac. Esta receta me la contó Amparo Irene hija de Don Chava, quien ahora se encarga de la cocina.

INGREDIENTES

- 1 receta de taxtihuil (ver página 136)

Albóndigas

- 1.200 kg de camarón mediano entero
- 3 piezas / 21 g de chile serrano
- 2 huevos
- 1 cucharadita / 4 g de sal
- 4 vueltas de molino de pimienta
- 1½ taza de aceite para freír

Para servir

- 60 g de queso fresco
- ½ pieza de aguacate

PROCEDIMIENTO

1. Limpia y pela los camarones.
2. Cuando prepares el caldo de camarón que vas a necesitar para el taxtihuil, cuece ahí el camarón pelado durante 5 minutos, apenas cambie de color sácalo, es muy importante que no se recueza. Después muélelo en un procesador o licuadora hasta que quede fino, es mejor que pongas pocos camarones a la vez, velos poniendo en un tazón grande para que ahí realices la mezcla.
3. Corta en cuadros muy chicos el chile serrano sin semillas, vacíalo al tazón con los camarones triturados, agrega el huevo, sal y pimienta.
4. Mezcla muy bien amasando con la mano. Luego haz bolitas de aproximadamente 24 g, deben salir 24 piezas.
5. Calienta el aceite en una sartén y dóralas, deben quedar redondas parejo.

MONTAJE

1. Se sirve el taxtihuil en un tazón y a un costado, sobre el plato plano, las albóndigas de camarón, unas rebanadas de queso y aguacate.

TIPS

La preparación para las albóndigas no debe quedar muy aguada, así que primero pon un huevo y si está muy firme, agrégale el otro.

Arroz rojo con mariscos

Conversando con Amparo Irene, de Mariscos Chava, en Sentispac, me decía que una de las comidas caseras en la región, durante la temporada de marisco, era ponerle al arroz rojo toda clase de frutos del mar como jaibas, que basta rascar un poco en la arena para obtener una, camarón, almejas, pulpo, etcétera. Es una comida fuerte en sí, aquí les va mi versión.

INGREDIENTES

- 400 g de camarón mediano entero
- 1¼ taza de arroz
- 3 piezas / 366 g de jitomate guaje
- 1 pieza / 3 g de ajo
- ¼ / 30 g de cebolla
- 1 cucharada / 8 g de sal
- ½ pieza / 55 g de zanahoria
- 4½ tazas / 960 ml de caldo de camarón
- 5 g de perejil
- ½ pieza chica / 40 g de pimiento verde
- ⅓ taza / 80 ml de aceite
- 2 piezas / 520 g de jaiba
- 250 g de pulpo cocido (ver página 65)*

PROCEDIMIENTO

1. Inicia por pelar los camarones para elaborar el caldo de camarón (ver página 64). Por presentación me gusta dejar algunos camarones con cabeza y cola.
2. Lava el arroz sobre una coladera rápidamente y déjalo escurrir.
3. Licua los jitomates, ajo, cebolla y la mitad de la sal en el caldo de camarón. Vierte este puré en una olla y ponlo a hervir. Rectifica la sal, debe quedar justa. Déjalo hervir durante 10 minutos y retira el exceso de espuma.
4. Luego parte la zanahoria y pimiento en cuadros chicos.
5. Toma una sartén amplia con profundidad y calienta el aceite, cuando empiece a tomar temperatura vierte de golpe el arroz y con la ayuda de una pala extiéndelo y baja el fuego, no muevas mucho, sólo de vez en cuando y cuando el arroz tome un color dorado claro, retira el exceso de aceite. Agrégale la zanahoria para que se cocine un poco, luego vierte 3½ tazas del puré de tomate con caldo de camarón, las ramas de perejil, agrega el pimiento morrón y acomoda el arroz y la verdura para que esté parejo en toda la sartén. Luego pon las jaibas, tapa el arroz y déjalo cocinar a fuego bajo.
6. Deja el camarón y el pulpo para los últimos minutos de cocción, pues el camarón se hace muy rápido y si lo pones desde el principio el resultado será un camarón seco y chicloso. Así que después de 30 minutos de cocción prueba el arroz, verifica si ya va a estar y también revisa el caldo.
7. Si sientes que los granos ya están reventando y les falta sólo unos minutos, agrega el camarón y casi al final el pulpo porque ya está cocido. Cuando esté listo, retira las ramas de perejil.

MONTAJE

1. La visión de todos los mariscos encima en la cazuela es espectacular, así que una opción es colocar la cazuela en medio de la mesa y la otra es ir sirviendo y distribuir equitativamente los mariscos.
2. Se acompaña muy bien de aguacate y limón.

TIPS

*Lo que necesitamos son sólo 250 g de pulpo cocido, puedes cocer el pulpo de 1 kilo y congelarlo ya hervido, al descongelar tiene muy buena textura o como opción recomiendo que cuando hagas este arroz, utilices el resto del pulpo para hacer una ensalada de pulpo o tostadas de pulpo como entrada. Así lo utilizarás todo. Si sientes que el arroz se está secando y todavía le falta cocción, agrega un poco más de puré. También puedes agregarle almejas, caracol o dejar un marisco de lado.

Camarones a la diabla

Estos camarones se hacen normalmente con dos salsas ya elaboradas. Pregunté en muchos lados, hasta que poco a poco salió a la luz su forma tradicional de elaboración. Pruébenlos, como su nombre lo indica, son endiabladamente enchilosos… bueno, sólo un poco.

INGREDIENTES
- 1.080 kg de camarón entero
- 50 g de mantequilla
- ¼ taza / 60 ml de aceite
- 1 cucharadita copeteada / 5 g de sal
- 6 vueltas de molino de pimienta

Salsa
- 2 piezas / 244 g de jitomate
- 2 piezas chicas / 13 g de chile guajillo
- 3 piezas / 2 g de chile cola de rata
- 4 piezas / 11 g de chile chipotle deshidratado
- 4 tazas / 960 ml de agua
- 1 cucharadita / 4 g de sal

PROCEDIMIENTO
1. Quítale las semillas a los jitomates y ponlos a hervir junto con los chiles.
2. Cuando los chiles estén hidratados y los jitomates cocidos, desvena los chiles, ponlos en la licuadora con el jitomate, una taza de agua de cocción y 1 cucharadita de sal.
3. Una vez licuados vierte la salsa a una olla y ponla a hervir 5 minutos, quita el excedente de espuma y si sientes la salsa muy espesa, le puedes agregar más caldo de cocción, rectifica la sal.
4. Mientras la salsa hierve, limpia los camarones, pero deja la cola y la cabeza.
5. Utiliza una sartén amplia, es importante que sea amplia para que el producto no sude, sino que dore parejo. Coloca aquí la mantequilla y el aceite, cuando tome temperatura media añade de golpe los camarones, salpimienta ligeramente, déjalos dorar de un lado, después voltéalos, remueve un poco la sartén, cuando tengan un tono rojo vierte la salsa, deja que se cocinen con la salsa 3 minutos y apaga el fuego.

MONTAJE
1. Con la ayuda de una pinza toma los camarones y colócalos sobre platos individuales, procurando que queden con la cabeza hacia arriba, termina salseando sobre los camarones.

TIPS
No sobrecocines los camarones para que no tomen una textura chiclosa, se deben dorar de cada lado y luego salsear. La salsa es el secreto, rectifica sal y pimienta. La consistencia debe tener cuerpo, no aguada.

Camarones al vapor

Esta receta va más allá de colocar camarones en una vaporera y sal. Esta forma es de la región de Mexcaltitán y por supuesto Amparo Irene, de Mariscos Chava, me la contó y tuve la fortuna de probarlos. Quedan deliciosos. Normalmente funcionan como entrada, pero si le añaden un arroz rojo ya tienen un plato fuerte.

INGREDIENTES

- 1 kg de camarón mediano con cabeza
- 1½ pieza / 180 g de cebolla morada
- 2 piezas medianas / 240 g de chile poblano
- 3½ cucharadas / 40 g de mantequilla
- 1½ cucharaditas / 6 g de sal
- 7 vueltas de molino de pimienta
- 1 taza / 240 ml de caldo de camarón (ver página 64)
- 1 receta de arroz rojo (opcional)

PROCEDIMIENTO

1. Enjuaga el camarón bajo el chorro de agua sin pelarlo, resérvalo en el refrigerador en una coladera sobre un plato.
2. Corta la cebolla y los chiles poblanos crudos en rodajas (primero quítale el rabo y las semillas).
3. Pon en una sartén amplia los pedazos de mantequilla, luego los camarones, encima las rodajas de cebolla y chile poblano, salpimienta y vierte encima el caldo de camarón, tapa y lleva a fuego medio bajo.
4. Déjalos cocer cerca de 10 a 15 minutos, hasta que la verdura ablande y los camarones estén bien rojos cocidos.
5. A mitad de la cocción prueba el caldo y verifica que esté bien de sal.

MONTAJE

1. Quedan deliciosos, con una aroma que invita a la convivencia alrededor de la mesa, así que disponlos junto con el arroz en platones alargados, procurando que la verdura quede encima.
2. Deja a la mano un cucharón chico para que puedan tomar del caldo.
3. Puedes servirlos en platos individuales.

TIPS

Cuida que no se pase de cocción el camarón.

Se sirven con coraza y cabeza, se deben pelar al momento de comerlos, no olvides chupar la cabeza, ahí está el sabor.

Camarones rancheros

Estos camarones son la especialidad de doña Chelina frente a La Tovara, me gustan ya sea de desayuno o para el medio día. La salsa es muy rica y sencilla.

INGREDIENTES

- 1.080 kg de camarón entero
- ¼ taza / 60 ml de aceite
- 3 piezas / 9 g de ajo prensado
- 1 cucharadita copeteada / 5 g de sal
- 6 vueltas de molino de pimienta

Salsa

- 1¼ pieza / 152 g de jitomate
- 3½ piezas / 140 g de tomate verde
- 7 piezas / 4 g de chile cola de rata
- 1¼ taza / 300 ml de agua
- 1 cucharadita / 4 g de sal

PROCEDIMIENTO

1. En una olla o sartén hierve los jitomates y tomates verdes tapados en el agua que se indica, la idea es que hiervan al vapor, hasta que cambien de color y se empiecen a romper.
2. En una sartén tuesta los chiles cola de rata a fuego medio (cuida que no se quemen).
3. Cuando los jitomates estén cocidos, lícualos con los chiles tostados, media taza de agua de cocción y la sal.
4. Vierte la salsa a una olla y ponla a hervir 5 minutos, quita el excedente de espuma y si la sientes muy espesa, le puedes agregar más caldo de cocción, rectifica la sal.
5. Mientras hierve la salsa, limpia los camarones, pero deja la cola y la cabeza.
6. Utiliza una sartén amplia, es importante que sea amplia para que el producto no sude, sino que dore parejo. Vierte aquí el aceite, cuando tome temperatura media añade el ajo prensado, los camarones, salpimienta y mueve.
7. Al tomar un color rojo por ambos lados vierte la salsa, deja que se cocinen con la salsa de 3 a 5 minutos y apágalos.

MONTAJE

1. Con la ayuda de una pinza toma los camarones y sirve cada porción en un plato plano procurando que queden con la cabeza hacia arriba y salsea.

TIPS

No sobrecocines los camarones para que no tomen una textura chiclosa. La salsa es el secreto, rectifica la sal, pimienta y la consistencia. Se acompañan tradicionalmente con frijoles y tortillas calientes. Si es para comida se acompaña con arroz rojo.

Caldo de pescado

Doña Chelina, que tiene su negocio frente a la Tovara, me enseñó a hacer el caldo de pescado, después la señora Delma en Puerta de Palapares y don Juan, en Tepic, me siguieron instruyendo. Este caldo es una versión muy casera que se acompaña con tortillas, una suma de todas estas recetas. Como dicen en la costa: "Tiene pura sustancia este caldo".

INGREDIENTES

- 7 piezas / 854 g de jitomate guaje (bien rojo)
- 1½ pieza / 180 g de cebolla
- 2 piezas / 6 g de ajo
- 2 piezas / 14 g de chile serrano
- 1 pieza / 190 g de papa
- 2 piezas / 220 g de zanahoria
- 1 pieza / 140 g de chayote
- 600 g de filete de pescado de su elección (curvina, robalo, dorado, cazón, etcétera)
- 2 cucharadas / 30 ml de aceite
- 500 g de carcasas de pescado de su elección (cabeza y espinazo)
- 2 cucharadas / 16 g de sal
- 10 g de cilantro (hojas y tallos delgados)
- 3½ ℓ de agua
- 12 tortillas

PROCEDIMIENTO

1. Parte el jitomate, cebolla, ajo y chile verde, en cuadros grandes, serán para hacer la base del caldo, no importa la presentación. También corta en cuadros chicos la papa, zanahoria y chayote y el filete en cubos medios, reserva la verdura y el pescado cubeteado en el refrigerador.

2. En una olla amplia calienta 2 cucharadas de aceite, ya que esté caliente, vacía ahí las carcasas de pescado hasta que queden bien doradas, ahora baja el fuego, agrega otra cucharadita de aceite y vas a incorporar la cebolla, ajo y chile verde hasta que doren ligeramente, cuando lleguen a este punto incorpora el jitomate, mueve ocasionalmente, agrega una cucharada de sal y baja la flama.

3. Con la ayuda de un machacador presiona y haz un puré con la verdura, ya debe empezar a desprender su aroma, cuando suelte su jugo la verdura vierte el agua, incorpora el cilantro, tapa y hierve a fuego medio bajo durante 20 minutos, rectifica la sal. Transcurrido este tiempo, vacía a otra olla colando, presiona fuerte todos estos ingredientes contra la coladera para extraer lo más posible su sabor. Rectifica el sabor y deja que vuelva a hervir el caldo 5 minutos.

4. Incorpora la papa, zanahoria y chayote para que se cocinen, cuando ya estén suaves pero firmes, agrega los filetes de pescado 8 minutos antes de servir, cuida que no se sobrecocinen.

MONTAJE

1. En un plato hondo debes servir aproximadamente 90 g de filete de pescado, caldo y verdura. En la mesa dispón limones partidos en cuatro y tortillas calientes.

TIPS

El secreto del caldo de pescado es el sabor que se consigue con las carcasas, hazlo como se indica y te saldrá muy rico. Tradicionalmente se sirve con las piezas de pescado entero, pero por presentación y comodidad lo modifiqué por filete. Si al momento de dorar las carcasas sientes que falta un poco de aceite, agrégaselo.

Callitos de dorado

–El pescado fresco nos gusta en callitos, es lo que desayunamos cuando vamos a pescar. Lo hacemos de dorado, robalo, cazón o de camarón azul en temporada –me contó Iván. Esta es la forma en que lo preparan los pescadores, la compartieron conmigo cuando los conocí y es lo que comí en alta mar. Les sugiero lo preparen cuando tengan la oportunidad de comprar pescado muy fresco de la variedad que mencioné anteriormente.

INGREDIENTES

- 550 g de filete de pescado (dorado, pargo, cazón, camarón azul)
- 4-5 piezas / 114 g de limón
- 1 cucharada + ½ cucharadita / 10 g de sal
- 7 vueltas de molino de pimienta
- 3½ piezas / 24 g de chile serrano
- 2⅓ piezas / 283 g de jitomate
- 2 piezas / 240 g de pepino
- 1¼ pieza / 150 g de cebolla morada
- 14 g de cilantro (sólo hojas y tallos delgados)

PROCEDIMIENTO

1. Corta el filete en cubos de un centímetro por un centímetro con un cuchillo filoso y que no sea de sierra, después exprime los limones y salpimenta el pescado.
2. Mientras lo dejas reposar, ve cortando la verdura.
3. El chile en cuadros finos (si lo quieres picoso pártelo con todo y semillas, es la forma local de hacerlo, por presentación y para reducir el picor se le quitan las semillas), el jitomate y el pepino van en cubos pequeños (reserva algunas rodajas de pepino para decorar), la cebolla en medias lunas y el cilantro picado finamente.
4. Transcurridos de 6 a 10 minutos dependiendo del pescado, sabes que está listo cuando se vuelva blanco. Agrega la verdura, mezcla y rectifica el sazón.

MONTAJE

1. Pasa el ceviche a un platón bonito, a un lado pon tostadas de maíz y rebanadas de aguacate. Este ceviche puede ser parte del plato fuerte de una comida.

TIPS

Utiliza el pescado muy fresco. Si se utiliza cazón, dejar macerar cerca de 15 minutos, pues su carne es más dura, pero con el otro tipo de pescado o camarón azul, puede necesitar menos de 8 minutos.

Campechanas y cazuelitas

Esta receta es el resultado del inicio de mi amistad con Rodrigo e Iván Tizcareño, Joel y resto de los pescadores de la bodega Tizcareño en la U.

—El sabor lo da el marisco, no necesita salsas, a nosotros nos gusta natural.

—¿Me enseñan?…

Así fue como terminamos Roberto y yo en su bodega haciendo esta maravillosa campechana. El secreto es utilizar el caldo de cocción de todo. También develé una confusión tan tonta que me daba pena preguntar, pero la diferencia entre la campechana y la cazuelita es sólo la vasija en que se sirve. La campechana se sirve en la copa grande llamada chabela y la cazuelita en un plato hondo normalmente de barro.

INGREDIENTES
- 5 ℓ de agua
- 1 kg de pulpo (para su cocción ver página 65)
- 250 g de caracol burro o 3 piezas por persona
- 550 g de camarón mediano con cabeza
- 350 g de callo de hacha
- 18 piezas de ostión de piedra frescos (son más grandes) o su elección
- 200 g de calamar
- 2 cucharadas / 30 ml de aceite
- 20 g de cilantro (hojas y tallos delgados)
- 500 g de almejas en su concha
- 1 hoja de laurel (cocción de pulpo)
- ½ pieza / 60 g de cebolla (cocción de pulpo)
- ¼ pieza / 30 g de cebolla en cuadros grandes
- 1 pieza / 3 g de ajo partido en cuatro
- 1 cucharadita / 4 g de sal

Para acompañar
- 1 pieza / 140 g de pepino
- ½ pieza / 60 g de cebolla
- 2 piezas / 14 g de chile serrrano
- 1 pieza / 122 g de jitomate
- 6-10 limones
- Tostadas

PROCEDIMIENTO

1. Para obtener un buen resultado lo ideal sería utilizar productos frescos y sin cocción previa. Es menos común encontrar el caracol sin cocción, si es el caso, entonces no lo hiervas con el pulpo, incorpóralo al final.

2. Partiendo de productos sin cocción previa, vamos a iniciar por hervir el pulpo y el caracol que son los dos ingredientes con un tiempo de cocción prolongado. Para el pulpo sigue las instrucciones del aparatado de cocción de pulpo, para el caracol, lo tienes que enjuagar bajo el chorro de agua, rasparle la baba y quitarle una tripita que tiene. Ya que hayas introducido el pulpo en el agua caliente agrega el caracol. Deja hervir casi durante una hora o más.

3. Durante el tiempo de cocción del pulpo, enjuaga muy bien el camarón y límpialo reservando corazas y cabezas. Al camarón limpio resérvalo en el refrigerador.

4. Ahora vamos a preparar el callo, este molusco tiene un recubrimiento en su perímetro, con la ayuda de un cuchillo pequeño y filoso quítaselo, luego córtalo en rodajas medias, después en cuadros.

5. El ostión se va a servir entero, se sancochará con lo caliente del caldo.

6. Parte finamente en cuadros la cebolla, pepino, jitomate y chile verde, poniéndolos en tazones separados.

7. Pasados 50 minutos, revisa el pulpo, sumergiendo un cuchillo en uno de los tentáculos, sabrás que está listo cuando no oponga resistencia. Cuando el pulpo esté casi listo agrega el calamar que dejarás tan solo un par de minutos, entonces saca el pulpo, calamar y caracol. Al pulpo y calamar les vas a cortar los tentáculos en rodajas medias y la cabeza en cuadros, al caracol en cuatro. Cuela el caldo de cocción del pulpo; ahora vas calentar una olla mediana y ahí vas a verter el aceite y cuando veas que está tomando temperatura vas a agregar

la cebolla, el ajo y todas las corazas de camarón hasta que se vuelvan rojas y bien doradas, presiona contra la olla las cabezas para sacarles el coral –para lograr un buen resultado se necesita la olla y el aceite caliente, si no sólo se van a cocer en su jugo, lo que deseamos es dorarlas para intensificar el sabor y luego extraerlo en la cocción.

8. En el momento que veas que las mismas cabezas de camarón sacan su jugo rojo, sálalas ligeramente y vierte 2½ litros de caldo de cocción del pulpo y caracol. Agrega la rama de cilantro, deja hervir cerca de 20 minutos, rectifica la sal –un caldo rico además de la extracción del sabor, depende de la cantidad justa de sal–; sólo se logra probando y rectificando. Luego vas a colar este caldo hacia otra olla, al momento de colar presiona fuerte sobre la coladera las corazas, queremos extraer toda la esencia. Ahora sí, sobre este caldo lleno de sabor y cuando ya vayas a servir las cazuelas agrega las almejas bien lavadas y cuando abra la concha, incorpora el camarón, que dejarás cocinar sólo un par de minutos a que se vuelva rojo, si no quedará chicloso.

9. Apaga el fuego y agrega el pulpo, calamar y caracol para que tomen temperatura, déjalos un par de minutos, con la olla tapada. Ahora sí, a servir las cazuelitas o campechanas.

MONTAJE

1. En una chabela o cazuelita se sirve el jugo de mariscos, de 5 a 6 camarones, pulpo, caracol, calamar y en crudo tres ostiones por persona, callos de hacha y tradicionalmente encima la verdura picada.

2. Otra opción es poner la verdura en moldes bonitos sobre la mesa para que cada quien prepare la cazuelita o campechana a su gusto, así como los limones partidos en 4 a lo largo y un canasto con tostadas.

TIPS

Cada quien elige qué mariscos comer, pero recuerda que un buen caldo es la clave del sabor. Respeta los tiempos de cocción y sobre todo debes lograr un buen dorado de las corazas y cabezas del camarón.

Chivichangas

El nombre viene de una preparación sinaloense, que en aquellas tierras se rellena de pollo. Una pareja de Sinaloa llegó a Boca de Camichín y los lugareños al tener un exceso de ostión, las empezaron a preparar de ostión guisadito. La señora Rosalía de la ramada La Moya me introdujo a esta adictiva preparación.

INGREDIENTES
- 1 receta de masa para empandas y chivichangas (ver página 68)

Relleno
- 1½ pieza / 180 g de cebolla
- 1½ pieza / 183 g de jitomate guaje
- 2 piezas / 14 g de chile serrano
- 2 cucharadas / 30 ml de aceite
- ¼ cucharadita / 1 g de sal
- 3 vueltas de molino de pimienta
- 36 ostiones frescos (3 ostiones por chivichanga y 2 chivichangas por persona)
- 1½ taza de aceite para freír

PROCEDIMIENTO
1. Parte en cuadros muy chicos la cebolla, jitomate y chile.
2. Toma una sartén y calienta un poco las 2 cucharadas de aceite, luego incorpora la cebolla y el chile, deja que tomen un ligero color transparente y dorado a la vez, se logra con el fuego bajo. Incorpora el jitomate y la sal, deja que guise 5 minutos, cuando veas que el jitomate suelta su jugo y que larga un aromático olor, agrega los ostiones y deja que se guise 3 minutos más. Apaga y retira del fuego.
3. Prueba el guiso y si le falta puedes agregarle un poco de sal y pimienta. Deja enfriar el relleno.

ARMADO
1. Pon en una sartén con profundidad el aceite para freír a calentar.
2. Necesitas una máquina para hacer tortillas de forma manual, si vives fuera de México y no tienes una, la imaginación es lo mejor, así que podrías sustituirla por una botella de vino o un rodillo de cocina, tardarás más pero se puede hacer. En ambos casos, recuerda que necesitas una bolsa de plástico limpia y recortada de forma redonda de 17 centímetros de diámetro. Pon una bolita de 40 g entre el plástico (justo en medio) y aplástala con la tortilladora, para hacer una tortilla. Desprende uno de los plásticos y rellena en la parte de en medio con el guiso de ostión, 3 ostiones por chivichanga, toma un extremo y ciérralo hacia en medio, el otro extremo longitudinal hacia el otro extremo, queda cruzado y los extremos que quedan en las puntas ciérralos hacia adentro.
3. Fríe cada chivichanga en cuanto la armes porque si no se va a humedecer la masa y se puede romper. Sabes que están listas cuando estén firmes al golpearlas con una cuchara.
4. Las que vayas haciendo ponlas a escurrir en un plato con papel absorbente.

MONTAJE
1. Sirve en cada plato dos chivichangas acompañadas de repollo blanco rebanado fino y sobre la mesa coloca en una salsera salsa verde para mariscos (ver página 80).

TIPS
El punto de la masa es importante para que te quede bien, no muy aguada; así como que el aceite esté caliente al poner a freírlas, pero no tanto como una fritura.

Flautas de camarón

Son una tortilla rellena, envuelta como una flauta y frita, que se baña de una salsa de jitomate. Tradicionalmente se rellenan de pollo. En Nayarit se rellenan de camarón, ya sea como principal o entrada son simplemente deliciosas. En Tepic, mariscos Don Juan hace unas muy ricas.

RINDE

- 12 piezas

INGREDIENTES

- 1.350 kg de camarón mediano con cabeza
- 2 piezas / 240 g de cebolla
- 4¼ piezas / 520 g de jitomate guaje
- 3 piezas / 21 g de chile serrano
- 3 cucharadas / 45 ml de aceite
- 1 cucharadita de sal / 4 g de sal
- 2 vueltas de molino de pimienta
- 1½ taza de aceite para freír
- 12 tortillas raspadas (ver explicación de tostadas raspadas, página 46)
- 12 palillos
- 1 receta de salsa de jitomate para flautas (ver página 69)
- ¼ de col blanca partida finamente
- 1 aguacate

PROCEDIMIENTO

1. Pela el camarón y límpialo (congela las corazas para que puedas hacer caldo de camarón), luego parte en cuadros chicos el camarón, la cebolla, jitomate y chile serrano.

2. Toma una sartén amplia y vierte ahí el aceite, cuando tome temperatura agrega la cebolla y el chile primero, cuando transparente la cebolla agrega el jitomate, sal y pimienta, espera a que se guise el jitomate. Después de 4 minutos agrega el camarón, mueve esta preparación para que se incorpore y déjala cocinar 6 minutos.

3. Prueba de sal, el camarón debe estar cocido, el guiso húmedo. Cuanto esté listo resérvalo aparte para que enfríe antes de armar las flautas.

4. Cuando el guiso esté a temperatura ambiente o frío, pon en una sartén con profundad el aceite para freír y caliéntalo.

5. Calienta un poco las tortillas sobre el comal para que se puedan doblar sin romperse. Pon el relleno hacia un lado de la tortilla y empieza a envolver y al terminar cierra con un palillo como si fuera un prendedor.

6. Cuando tengas al menos 4 flautas envueltas comienza a freírlas, deben quedar color dorado y crujientes, sin que se quemen.

7. Al estar listas, ponlas sobre un plato con papel absorbente. Por último entibia la salsa de jitomate.

MONTAJE

1. Coloca 2 flautas en cada plato, luego báñalas con la salsa, encima decóralas con un poco de col y rebanadas de aguacate.

TIPS

La tortilla raspada es la ideal para esta preparación, si no tienes donde vives, hazla con tortilla normal. El aceite no debe estar tan caliente como el de una fritura, si no se quemarán.

Sopa de mariscos

Esta sopa es un plato fuerte muy rico y aromático, es casi igual a la cazuelita, pero la diferencia yace en dos variantes, la base es el caldo de pescado y se le agrega filete de pescado además de los mariscos. Esta receta es una compilación de varias conversaciones.

INGREDIENTES

- 1 receta de caldo de pescado sin la verdura (ver página 118)
- 1 kg de pulpo (para su cocción ver página 65)
- 500 g de filete de pescado de su elección (curvina, robalo, dorado, cazón, etcétera)
- 500 g de camarón
- 350 g de callo de hacha
- 18 piezas de ostión de piedra frescos (son más grandes) o su elección
- 500 g de almejas en su concha

Para acompañar
- 1 pieza / 140 g de pepino
- ½ pieza / 60 g de cebolla
- 2 piezas / 14 g de chile serrrano
- 1 pieza / 122 g de jitomate guaje
- 6 limones
- Tostadas

PROCEDIMIENTO

1. Mientras se hierve el pulpo elabora el caldo de pescado como se indica en su receta.
2. Durante el tiempo de cocción del caldo, vamos a ir preparando el resto del marisco: Parte el filete de pescado en cubos medios, enjuaga y limpia el camarón (sugiero que congeles las corazas y cabezas). Al callo, quítale el recubrimiento perimetral con la ayuda de un cuchillo filoso y córtalo en rodajas medias.
3. El ostión se va a servir entero, se sancochará con lo caliente del caldo, lava muy bien las conchas de las almejas. Conserva en el refrigerador todos estos productos. Cuida que el pulpo no se pase de cocción y una vez que esté listo parte los tentáculos en rodajas medias y la cabeza en cuadros.
4. Después parte en cuadros pequeños la cebolla, pepino, jitomate y chile serrano, poniéndolos en tazones separados.
5. Ahora sí, sobre este caldo lleno de sabor y cuando ya vayas a servir la sopa agrega las almejas bien lavadas, cuando abra la concha, vierte el camarón y filete de pescado, que dejarás cocinar sólo un par de minutos hasta que se vuelva rojo, si no quedará chicloso y el pescado con un color perlado.
6. Apágalo y agrega el pulpo, para que tome temperatura, déjalo un par de minutos con la olla tapada.
7. Lista para montar la sopa de mariscos.

MONTAJE

1. Sirve en un plato hondo caldo de pescado, de 5 a 6 camarones, pulpo, trozos de filete de pescado y en crudo tres ostiones por persona, callos de hacha y tradicionalmente encima la verdura picada.
2. Otra opción es poner la verdura en moldes bonitos sobre la mesa para que cada quien prepare su sopa al gusto, así como los limones partidos en 4 a lo largo y un canasto con tostadas. Se debe servir bien caliente.

TIPS

Cada quién elige qué mariscos comer. Recuerda hacer un buen caldo de pescado. Para obtenerlo respeta el dorado de las carcasas de pescado y su tiempo de cocción.

Sopes de ostión y camarón

Estos sopes, característicos de San Blas, son únicos. Tradicionalmente se consumen para cenar y todas las noches se preparan en los puestos de más tradición. Los distinguen su tortilla chica, muy delgada, los ostiones frescos de la región, así como los camarones y su salsa de jitomate suave a base de caldo de camarón.

INGREDIENTES

- 18 tortillas chicas y muy delgadas de 7 cm de diámetro (3 sopes por persona)
- ½ pieza / 60 g de cebolla morada (partir por mitad y luego a lo largo finamente)
- 8 limones
- 1 pizca de sal
- 1 vuelta de molino de pimienta
- 2 pepinos chicos en rodajas delgadas sin cáscara
- 5 chiles jalapeños cortados en tiras finas
- 126 g de lechuga romana rebanada finamente
- 18 rodajas de zanahoria curtida en tiras finas
- 1 receta de salsa para tostadas, tacos, gorditas y sopes (elaborada a base de caldo de camarón, ver página 69).
- 1 receta de recaudo para enchiladas y sopes (ver página 66)
- 1 taza de aceite
- ½ taza de frijoles refritos (ver página 72)
- Si son de ostión: 36 ostiones de piedra
- Si son de camarón: 54 camarones de medianos pelados
- 100 g de queso seco

PROCEDIMIENTO

1. Para que se puedan elaborar rápidamente estos sopes, se debe tener todo listo antes de comenzar a prepararlos, puedes comparar tortilla chica para taco, que se vende prácticamente en todo México. Si vives fuera de México las puedes preparar en casa haciéndolas de 7 centímetros de diámetro y lo más delgadas posibles.
2. Sumerge la cebolla con el jugo de 2 limones, poca sal y pimienta, a esto llamamos curtir.
3. Corta la verdura como se especifica en los ingredientes y prepara la salsa y recaudo.
4. Una vez que tengas todos los ingredientes listos, vierte la mitad del aceite en una plancha con poca profundidad a calentar.
5. Sumerge cada tortilla en el recaudo de chilacate y ponla en el aceite, unta un poco de frijoles y déjala dorar. Cuando vaya tomando consistencia, coloca 2 ostiones grandes en cada tortilla o 3 camarones, ahí tomarán cocción.
6. Una vez dorada la tortilla, retirarlos del fuego. Agrega aceite conforme se vaya consumiendo.

MONTAJE

1. Sirve en cada plato 3 sopes, encima de cada sope coloca lechuga, 2 rajitas de chile jalapeño, 4 rajas de zanahoria curtida, 2 rebanadas de pepino, cebolla curtida con limón, salsea con la salsa para sopes y termina espolvoreando queso seco y al lado rebanadas de limón.

TIPS

Estos sopes son tradicionalmente dorados, no blandos, el aceite debe estar caliente, pero no como para fritura, si no se quemará la tortilla y no alcanzará a dorar. Es importante que el camarón se ponga crudo y que ahí se cueza para que suelte su sabor. Tradicionalmente el camarón va sin cabeza.

Tamal barbón de camarón

Estos tamales los conocí cuando era muy chica e íbamos a Mazatlán. Siempre pasábamos por el pueblo de Escuinapa, Sinaloa; ahí era la parada obligada de los tamales barbones, que toman su nombre de las barbas de camarón, pues lleva camarón crudo entero. Luego, me entero que en Santa Cruz de las Haciendas, este tipo de tamal también es característico, finalmente conocí a la señora Rosario de Acaponeta. Así que esta receta es una mezcla de estos lugares.

RENDIMIENTO

- 12 piezas

INGREDIENTES

Masa

- 1 receta de masa para tamal botanero sin chile serrano (ver página 108)
- 14 hojas de maíz para tamal

Relleno

- 600 g de camarón medio fresco entero (cada camarón aproximadamente de 10 gramos)
- Sal
- Pimienta

PROCEDIMIENTO

1. Primero prepara las hojas de maíz como se indica en las consideraciones y elabora la masa siguiendo la receta de tamal botanero. Enjuaga muy bien los camarones enteros y salpimiéntalos al gusto.

MONTAJE

1. Escurre las hojas de tamal y con la ayuda de una cuchara debes untar masa en un recuadro de 9 × 15 cm aproximadamente, todo depende del tamaño de las hojas.
2. Luego coloca de 4 a 5 camarones enteros, con cabeza y coraza, previamente salpimentados. Cierra el tamal, doblando primero hacia un lado y luego el otro, siempre queda masa en alguna parte del doblés. Luego como si fuera un dulce debes atar una punta, luego la otra.
3. Cuando termines, colócalos en la vaporera durante 40 a 60 minutos.

TIPS

Sigue los tips de los tamales botaneros, cuando pasen 40 minutos, saca un tamal y verifica si ya solidificó, de lo contrario déjalo cocinar más tiempo. Cuida que no se cueza de más si no quedará duro.

Tamal relleno de picadillo de camarón

Este tipo de tamal es común en la costa de norte del estado, de Mexcaltitán a Acaponeta, su máxima expositora es la señora Rosario Páez, quien me enseñó la receta.

RENDIMIENTO

- 12 piezas

INGREDIENTES

- 14 hojas de maíz
- 1 receta de masa de tamal botanero sin chile serrano (ver página 108)

Relleno

- 1¾ pieza mediana / 200 g de cebolla
- ½ pieza / 44 g de chile poblano sin quemar
- 1 pieza mediana / 7 g de chile serrano
- 1 pieza / 3 g de ajo
- 2½ tazas / 150 g de camarón seco con cabeza = 1⅔ taza = 100 g de camarón sin cabeza
- ¼ taza / 60 ml de aceite de maíz

Salsa

- 1 taza / 240 ml de agua
- 1 pieza chica / 7 g de chile guajillo
- 1¼ pieza / 167 g de jitomate guaje
- ¼ pieza / 30 g de cebolla
- 1 pieza / 3 g de ajo
- ½ cucharadita / 1 pizca de orégano

PROCEDIMIENTO

1. Primero prepara las hojas de maíz como se indica en las consideraciones.
2. Cuando termines vamos a continuar con la elaboración del relleno de camarón. Vamos a iniciar por la salsa, calienta el agua a temperatura media junto con el chile guajillo, déjalo reposar 5 minutos hasta que hidrate; desvénalos y lícualo con el agua de cocción y resto de los ingredientes de la salsa en crudo, resérvala.
3. Se debe partir la cebolla, el chile poblano, chile serrano y ajo en cuadros muy chicos.
4. Tritura término medio, en una licuadora o procesadora, el camarón seco sin cabeza (hazlo en tres o cuatro partes).
5. En una sartén vierte el aceite a fuego medio. Cuando esté caliente el aceite, agrega y sofríe la cebolla a que tome un color ligeramente dorado, cuando la cebolla tome este color agrega el chile poblano y serrano, déjalos guisar durante 8 minutos. Cuando todo tome un ligero color dorado agrega el camarón seco triturado.
6. Guisa 6 minutos más, finalmente vierte la salsa colada, deja hervir el guiso durante 10 minutos, hasta que libere aroma y todo cambie de color. Prueba, rectifica el sabor y ponlo a enfriar antes de rellenar.
7. Mientras se enfría elabora la masa de tamal botanero como se indica en su receta y escurre las hojas de tamal.

MONTAJE

1. Cuando el relleno esté frío y la masa lista, en cada hoja de tamal unta una cucharada grande en la franja de en medio, rellénalo, dobla el tamal de un extremo hacia el centro y el otro lado igual.
2. Amarra cada tamal de las puntas, como si fuera un dulce y ponlos a cocer en una olla vaporera durante 40-60 minutos.

TIPS

Sigue los tips de los tamales botaneros. Cuando pasen 40 minutos, saca un tamal y verifica si ya solidificó, de lo contrario déjalo cocinar más tiempo. Cuida que no se cueza de más si no quedará duro.

Taxtihuil con camarón y nopales

El taxtihuil es un caldo espeso, que se podría catalogar como un mole. Surge en Mexcaltitán y es común en las familias de los pueblos aledaños. Se suele consumir de dos maneras: con camarones cocidos o con albóndigas de camarón. El mejor taxtihuil que he probado hasta hoy es de mariscos Chava en Sentispac. Su secreto es mucho sabor, es decir, cocciones largas y el uso de caldos como fondo, su cocina creo es de las más refinadas en Nayarit. Esta receta me la contó Amparo Irene, hija de don Chava, quien ahora se encarga de la cocina.

INGREDIENTES

Cocción de nopales

- 10 piezas chicas / 400 g de nopales
- 1.5 ℓ de agua
- 1 pieza / 3 g de ajo
- ½ pieza / 60 g de cebolla
- ½ cucharadita / 2 g de sal

Taxtihuil

- 540 g de camarón mediano entero
- 2 piezas medianas / 20 g de chile guajillo
- 2 ℓ de caldo básico de camarón (ver página 64)
- 120 g de masa
- 2 piezas / 5 g de ajo
- ¼ cucharadita de comino
- 10 vueltas de molino de pimienta
- 1 cucharada / 8 g de sal
- 1 cucharada / 15 ml de aceite
- 60 g de queso fresco en rebanadas
- 1 aguacate

PROCEDIMIENTO

1. Lava muy bien el camarón y pélalo, con esto harás el caldo de camarón como se indica en la receta para ello.
2. Luego en una taza de agua pon a hervir el chile guajillo 8 minutos o hasta que hidrate.
3. Corta los nopales en cuadros chicos. En una olla mediana hierve el litro y medio de agua, sal, ajo y cebolla, una vez que suelte el hervor incorpora los nopales y déjalos durante 8 minutos o hasta que estén suaves pero firmes y el color sea verde oscuro brillante. Cuélalos para que escurra la baba.
4. Cuando esté hidratado el chile, quítale el rabo y las semillas.
5. En los dos litros de caldo de camarón vas a licuar el chile guajillo, masa, ajo, comino, pimienta y sal.
6. Calienta el aceite en una olla y vierte ahí la salsa colando en malla gruesa. Esta salsa va a espesar por lo que debes mover constantemente para que no forme grumos y no se pegue al fondo de la olla. Pruébala y rectifica si le falta sal.
7. Agrega los nopales y 8 minutos antes de servir incorpora los camarones pelados para que se cuezan ahí.

MONTAJE

1. Sirve el taxtihuil con camarones en platos hondos y al lado del plato dos rebanadas de queso fresco y aguacate.

TIPS

El caldo de camarón es muy importante para que tenga un muy buen sabor. Cuida que al licuar el caldo con la masa, el caldo esté tibio, si no la masa se va a cocer antes de licuar.

Pan de plátano

Esta tradición en San Blas es relativamente reciente, pero para los nacidos en los años setenta como yo, crecimos con ella. La inició quien se conoce como Juan Bananas en esta región. Él es originario de la ciudad de México, pero de muy chico conoció la tierra exuberante de San Blas, de la cual quedó prendado. Siendo él un joven de 19 años decidió volver a San Blas de paso, pero este mar ya no lo dejó ir. La vida entre los locales y surfos estadounidenses, lo cautivó. Han transcurrido ya más de 40 años de su estancia en San Blas. Siendo un joven inquieto y buscándose el sustento, un americano le dió una receta para la elaboración del pan de plátano, comenzó a comercializarlo y hoy en día, este pan es un ícono del lugar. La yaka se introdujo en 1996 y ahora siguiendo al pan de plátano, están elaborando pan de yaka. Esta receta es una recolección de varias recetas, cuyo resultado es riquísimo.

RENDIMIENTO
- 1 barra de pan de 23 cm de largo × 11.5 de ancho × 6 cm de alto
- Opción utilizar moldes individuales para panqué.

INGREDIENTES
- 1¾ taza / 200 g de harina
- 1 cucharadita de polvo para hornear
- ¼ cucharadita de bicarbonato
- 1 taza / 100 g de nuez en mitad
- 1 cucharada de mantequilla para engrasar el molde
- Poca harina para enharinar el molde
- ½ taza / 113 g de mantequilla
- 3 piezas / 400 g de plátano porta limón maduro
- 2 huevos batidos
- ¾ taza / 150 g de azúcar mascabado
- 1 cucharada / 4 g de canela molida

PREPARACIÓN
1. Se van a necesitar dos tazones, uno para los ingredientes húmedos y otro para los secos.
2. En uno pon la harina, polvo para hornear, bicarbonato, cierne una vez y reserva.
3. Parte las nueces en cuadros chicos, las puedes triturar ligeramente. Precalienta el horno a 180°C; engrasa y enharina el molde grande de panqué o de 6 a 8 moldes chicos y resérvalos.
4. Derrite la mantequilla, cuida que no se queme, la puedes poner 10 segundos en el microondas o en una olla chica sobre la estufa.
5. En un molde pequeño pon los plátanos pelados y aplástalos con un tenedor o un machacador de frijoles, no los dejes hechos puré fino, deben quedar grumosos.
6. En un tazón vierte los huevos, la mantequilla derretida y el azúcar mascabado, mezcla muy bien hasta incorporar el azúcar. Una vez incorporada el azúcar mascabado agregar el plátano machacado e incorpora con una espátula. Agrega los secos poco a poco, sin dejar de mezclar, después incorpora la nuez. No sobre batas, este es el gran secreto del pan.
7. Vacía la mezcla a los moldes y hornea a 180°C durante 40 minutos a una hora, dependiendo del horno, transcurridos los 40 minutos, inserta un palillo y si sale limpia quiere decir que está listo.

MONTAJE
1. Para que tu pan luzca lo puedes poner sobre un platón rectangular y una servilleta, esto le da calidez o unas flores, ideal para el desayuno del domingo.

TIPS
Reitero, NO SOBRE BATIR la masa, debe quedar un poco grumosa. Otro consejo es no abrir el horno antes de los 40 minutos, porque tenderá a bajarse y como resultado se apelmasará. Por lo que si decides hacer moldes chicos, que todos sean chicos, no mezcles tamaños porque necesitan tiempos de cocción diferentes y claro, que el tiempo de cocción será menor para los moldes chicos.

Fotografía Pan de plátano ▶

Plátano macho frito

Este es el postre de la costa por excelencia, casi en todos los lugares costeños lo ofrecen, tan simple y tan rico.

INGREDIENTES

- 6 plátanos machos maduros
- 1 taza / 240 ml de aceite
- ¾ taza / 180 ml de crema
- ¾ taza / 180 ml de miel

PREPARACIÓN

1. Corta cada plátano longitudinalmente en 3 partes.
2. Calienta el aceite en una sartén amplia. Cuando esté caliente, coloca las tiras de plátano por tandas, es importante que no se ponga mucho producto a la vez, para que no pierda temperatura el aceite y el plátano se pueda freír bien.
3. Cuando tome un color dorado parejo, sácalos del aceite y colócalos sobre servilletas absorbentes.

MONTAJE

1. Pon en un plato porciones de 3 tiras, es decir, un plátano por persona, luego vierte un poco de crema (30 ml por persona) y miel (30 ml por persona) sobre los plátanos.
2. Se deben comer calientitos.

TIPS

El único secreto de este plato es utilizar los plátanos bien maduros, aquellos que están negros por fuera y casi blanditos por dentro, éstos son los indicados para freírlos y que tengan un sabor especial. Luego el aceite debe estar caliente, pero no demasiado, si está frío o tibio, no dorará y el plátano absorberá mucho aceite; si está muy caliente, lo quemará sin dorarlo ni cocerlo por dentro.

Parrillada
nayarita

La parrilla en Nayarit

El acto de colocar un producto sobre el fuego vivo, fue sin lugar a dudas el primer método de cocción antes de que la inventiva llevara al hombre a crear vasijas; no sólo como recipientes receptores, sino como recipientes capaces de soportar el fuego para que ahí dentro se realizara la alquimia de cambiar la naturaleza de los elementos para hacerlos comestibles.

En la actualidad, cuando se piensa en la cocina al asador o parrilla, la primera imagen que se evoca son los cortes de carne de res. En la costa norte de Nayarit, este método primigenio es parte de una cotidianeidad con características específicas que le dan identidad, que van desde el tipo de madera que se utiliza, el producto y la forma del corte del mismo, si va entero o fileteado.

Por lo cual, no es desatinado afirmar que en Nayarit hay parrillada. Sus elementos distintivos son el mangle y productos del mar. Existen dos formas tradicionales de cocinar a fuego vivo: el zarandeado y el tatemado. Siempre tuve la incógnita de la diferencia entre estas formas. Tuve mi iniciación en el mundo del tatemado un día a las 7 de la mañana con el Sr. Robinson, propietario de la ramada La Selva en la región conocida como la Tovara. El pescado que se tatema tradicionalmente es la lisa por su tamaño.

–El fuego tiene su chiste, le ponemos mangle seco para que haga brasa; verde para que haga humo y dé sabor. El fuego debe estar a 70 cm de la parrilla. La gran diferencia entre el zarandeado y el tatemado radica en que si el pescado está abierto, fileteado en tres, corresponde al zarandeado, y para el tatemado el pescado va entero, sólo con incisiones laterales por donde se sala, que se le dice rayar –aclara Robinson, orgulloso de su saber.

No obstante, existen otro tipo de elementos que también van a la parrilla sobre el mangle y entonces el nombre de zarandear también aplica a los tacos zarandeados, ostiones zarandeados, carne zarandeada y hasta plátanos zarandeados, éstos últimos fueron un gran descubrimiento.

La parrilla es una forma de expresión, convivencia, unión y esperanza en esta región. Cuando los pescadores salen a pescar de madrugada, la idea que los reconforta es que al volver se hará un pescado zarandeado.

Hablemos del mangle, el fuego y la distancia

El mangle hoy en día está protegido y solamente lo pueden utilizar los lugareños, quienes a su vez lo toman de los mangles secos y las ramas caídas. ¿Si el sabor característico lo da el mangle, qué podríamos hacer los que no vivimos cerca del manglar? Los hermanos de la ramada El Marinero, en Platanitos, nos compartieron algunas opciones, como utilizar madera de huinol, mango, capomo. La China, en Santiago, nos enseñó que se puede zarandear haciendo una mezcla entre madera de mango y carbón; luego Amparo Irene, de Sentispac, volvió a reiterar que la madera del mango da buen sabor.

La distancia y el fuego son muy importantes para que el pescado no se arrebate, normalmente la distancia entre el fuego y la parrilla, para el zarandeado y tatemado es de 70 cm; cuando no podemos controlar la altura de la parrilla, controlar el fuego se vuelve indispensable. Lo que se debe hacer siempre es estar al pendiente del fuego bajo, dispersar la leña y no dejar que el fuego alto se forme.

Un elemento necesario para zarandear es una parrilla para pescado, algo importante es enaceitar la parrilla antes de colocar el pescado para que no se pegue la piel.

El pescado tiene una forma característica de filetearse, se debe saber cómo hacerlo y ésto, créame, requiere práctica; sobre todo, si el pescado es grande. El corte se inicia fileteando de la cola, hacia la cabeza, separando el filete de la espina. Cuando se llega a la cabeza, se debe continuar hasta partirla en dos, sin miedo, hasta la punta de la boca. La parte baja de la boca lo mantendrá unido. Es importan-

te retirar los órganos internos del pescado, los dientes y la mandíbula. Realizar un corte entre las vértebras, donde está la división de la cabeza y el resto del cuerpo. Cuando el cuchillo pase hacia el otro lado, continuar el corte hacia la cola pegada al espinazo y sin cortar la piel. Los filetes se mantendrán unidos por la piel. Cuando ya se abrió el pescado en forma de mariposa, realizar cortes en el filete en forma de rombo para condimentar según lo especifique la receta.

Si les parece muy complicado de hacer, creo, podrán pedirle al que atiende la pescadería que se los filetee. Pero les tengo buenas noticias, algo que aprendí de los pescadores es que se puede zarandear el pescado en filete, siempre que sea una lonja gruesa, sin necesidad de tener el pescado completo. Los pescados más tradicionales para zarandear son el robalo, pargo, dorado, huachinango, curvina y el marlin. El pargo tiene la característica de tener una línea y algunas betas de grasa en su carne, esto le confiere un sabor muy especial.

Sugiero que se elaboren todos los platillos de esta sección cuando se tenga alguna reunión al aire libre y que el fuego, junto con el pescado, sean los protagonistas.

Anímense a hacer un rico zarandeado en casa, disfruten con una rica y fría bebida espumosa.

Carne zarandeada

El sabor de esta carne es muy rica, sólo hay dos secretos: carne de buena calidad y el sabor de la madera.

INGREDIENTES

- 720 g de carne para asar de su preferencia, se recomienda sirloin
- 2 cucharadas / 16 g de sal
- Madera de huinol, mango o capomo.

PREPARACIÓN

1. Es muy característico cortar la carne en tiras de 5 centímetros de ancho, limpiar el exceso de grasa, salarla y ponerla en la parrilla donde el mangle le da su sabor, aunque se puede sustituir por otras maderas.
2. Cuida de voltearla cuando tome un color café dorado, y sacarla cuando el lado que volteaste tenga ese color.
3. El fuego para la carne debe ser más alto que para el pescado.

MONTAJE

1. Coloca sobre la mesa un platón con la carne, en tazones frijoles de la olla y en salseras las distintas salsas.

TIPS

Cuida que la carne no quede seca, se debe cuidar que el fuego que no esté bajo, porque si no se estará desjugando.

Lisa tatemada

Desde que recuerdo, esta es una preparación característica de la región que se conoce como La Aguada o La Tovara, era la aguada porque de ahí llevaban en cántaros el agua de manantial para San Blas. En frente, han sido tradición los hornos humeantes a mangle y parrillas con lisas. Cuando decidas hacer una parrillada puedes incluirla. El señor Robinson me compartió algunos secretos.

INGREDIENTES

- 2 a 3 lisas de 500 g
- 1½ cucharadas / 10 g de sal (de grano de preferencia)
- Madera de huinol, mango o capomo. La tradicional es mangle.

PREPARACIÓN

1. Primero haz un corte en la panza de la lisa, para luego introducir dos dedos hasta llegar a una parte redonda, jala sin miedo y saca todas las vísceras de un jalón; lava la lisa con agua purificada.

2. Posteriormente haz dos incisiones laterales profundas de manera horizontal, para que la sal entre al pescado. Debes poner suficiente sal en estos cortes, si necesitas más, hazlo sin miedo.

3. Coloca las lisas sobre la parrilla, cuida que las cabezas estén donde el fuego está más alto, pero recuerda que el fuego debe ser bajo, déjala durante unos 20 minutos antes de voltearla.

4. Ve desarrollando una relación con tus sentidos y observa la lisa, verás como es notorio cuando empieza a cocerse. Voltéala y déjala otros 15 minutos, antes de sacarla del fuego.

MONTAJE

1. Se sirve la lisa sobre un platón, como guarnición frijoles, tortillas y salsa para zarandeado (ver página 82).

TIPS

Recuerda que si te sobra lisa, la puedes hacer en salsa (ver página 188).

Lisa zarandeada estilo "El Atracón" en Tecuala

Tecuala es la cuna de los botaneros. En el lugar llamado el Filo, hay uno de gran tradición llamado "El Atracón", atendido por su dueña doña Tita. Después de varias botanas, el premio mayor es la lisa zarandeada en salsa verde. Una delicia, pruébenla.

INGREDIENTES

- 2 lisas de 500 g
- 1½ cucharada / 10 g de sal (de grano de preferencia)
- Madera de huinol, mango o capomo. La tradicional es mangle.

Salsa
- 5 piezas / 200 g de tomate verde
- 2 tazas / 480 ml de agua
- ¼ pieza grande / 40 g de cebolla
- 1 pieza / 3 g de ajo
- 2 piezas / 14 g de chile serrano
- 10 g de cilantro para licuar
- 1 cucharadita / 4 g de sal
- 10 g de cilantro (tallos delgados y hojas) para espolvorear encima

PREPARACIÓN

1. Primero haz un corte en la panza de la lisa, para luego introducir dos dedos hasta llegar a una parte redonda, jala sin miedo y saca todas las vísceras de un jalón; lava la lisa con agua purificada, sigue las instrucciones de fileteado en la sección inicial (ver página 142-143) y te puedes guiar con las fotografías, si no, cuando compres la lisa, pídele al encargado que te lo filetee en mariposa para zarandear.

2. Realiza incisiones en la carne en forma de rombo para salarla.

3. Coloca las lisas sobre la parrilla para zarandear, cuida que las cabezas estén donde el fuego está más alto, pero recuerda que el fuego debe ser bajo, inicia la cocción por el lado de la piel, déjala durante unos 15 minutos antes de voltearla.

4. Ve desarrollando una relación con tus sentidos y observa la lisa, verás como es notorio cuando empieza a cocerse. Voltéala y déjala otros 15 minutos, revísala, cuando toda la carne tenga un color blanco y jugosa la podrás sacar.

5. Mientras se está zarandeando ve elaborando la salsa. Debes hervir todos los ingredientes menos el cilantro. Una parte del cilantro la deberás partir no tan fina. Cuando los ingredientes hayan hervido, lícualos con una taza de caldo de cocción, sal y una parte de cilantro.

6. Vacía la salsa a una olla, déjala hervir 7 minutos, rectifica la sal y retira la espuma.

MONTAJE

1. Sirve las lisas sobre platones, báñalas con esta salsa y al final espolvorea el cilantro.

2. Como guarnición frijoles y tortillas.

TIPS

Recuerda que el fuego es el secreto junto con el tipo de leña, lee el apartado que introduce esta sección.

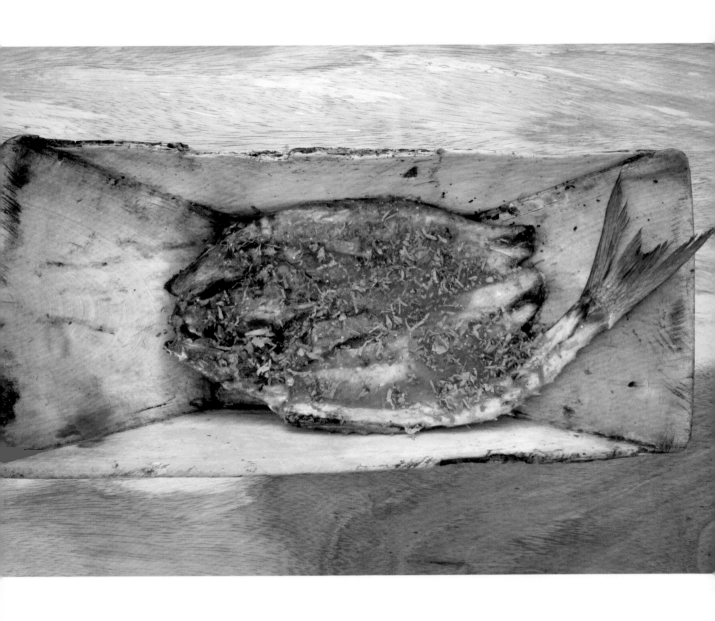

Ostión zarandeado

En la única ramada donde los vi al público, es en un lugar muy escondido llamado Otatitos, en el municipio de Tecuala. Tienen un sabor magnífico a ahumado y ostión fresco a la vez. Son una excelente entrada.

INGREDIENTES

- 24 ostiones de placer o estero (son pequeños)
- Madera de huinol, mango o capomo.
- Limón

PREPARACIÓN

1. Coloca los ostiones sobre la parrilla, cuando veas que empiezan a largar algo de jugo, voltéalos y solos empezarán a abrirse, este es el momento de sacarlos sin retraso para que no se pasen.

MONTAJE

1. Coloca los ostiones zarandeados en un platón con rodajas de limón a un lado.

TIPS

Cuida que el ostión no se seque, así que sácalo en cuanto veas la intención del ostión de abrirse. Los ostiones que son aptos para la parrilla son los de placer y raíz, porque el de piedra es muy grande y es común que se sequen antes de que la piedra abra sola, en cambio, los otros se abren solos.

Pescado zarandeado al natural

Volvemos a Mexcaltitán y a la región de Boca de Camichín, ahí claman ser los iniciadores de este pescado, aseguran que la forma tradicional de zarandear es sólo con el sabor del pescado, sal y mangle. Iván y Rodrigo Tizcareño me enseñaron que también se puede zarandear con un buen trozo de marlin.

INGREDIENTES
- Madera de huinol, mango o capomo.
- 1.5 kg de lonja de marlin, robalo o pargo, o un pescado entero fileteado como se indica al inicio de la sección (ver página 142-143)
- 1 cucharada / 8 g de sal (de grano de preferencia)
- 1 limón

PREPARACIÓN
1. Prende tu asador utilizando la madera recomendada u otro tipo que sea fácil de conseguir en tu localidad.
2. El pescado deberá estar preferentemente a 70 cm de las brasas y el fuego deberá ser medio-bajo. Una vez que el fuego está listo, hazle incisiones profundas en forma de rombo a la lonja del pescado para salarlo, esto permitirá que la sal penetre al pescado y una cocción más pareja. Después colócalo en una parrilla para pescado y llévalo a las brasas, primero del lado de la piel. Vas a notar el cambio paulatino de color crudo a cocido que sube de la superficie que está del lado a las brasas hacia el centro. Cuando este color llegue a la mitad es hora de voltearlo, las gotas de limón se aplican cuando ya casi va a estar, da un tono dorado.
3. Debes cuidar mucho el fuego, no debe estar a fuego alto, sino bajo, con brasa. Cuando ya veas que tiene un color a cocido parejo sin que se seque, está listo.

MONTAJE
1. Se sirve el pescado sobre un platón y como guarnición frijoles, tortillas y salsa para zarandeado.

TIPS
En las palabras de Amparo: –La magia está en la lumbre, el mangle es el especial para que salga bien, la leña da el sabor. El tronco de mango todavía le da un sabor al pescado. Se le tiene que saber dar la lumbre, un tiempo para la escama, un tiempo para la carne–. El mejor consejo que aprendí es cuidar el fuego, si ves que la flama se levanta, la debes bajar, esparcir esa llama hacia otro lado, el secreto es un fuego manso y se inicia a zarandear por el lado de la piel.

Pescado zarandeado estilo Platanitos

Esta receta es la que se elabora en la hermosa bahía de Platanitos en la ramada El Marinero, es una receta más elaborada pero muy rica. Recuerda que el sabor característico lo otorga el mangle, pero se puede utilizar huinol, mango o capomo. Esta receta es una rica variante a la tradicional que se denomina al natural. Aquí tienen una forma intermedia, donde utilizan puré de tomate, sal, fuego y cuando ya toma color y se quiere deshidratar, lo rocían con un poco de mantequilla derretida. Yo lo pido con poco puré de tomate.

INGREDIENTES

- 1 robalo o pargo de 2 kg
- Madera de huinol, mango o capomo.
- 1 cucharada / 8 g de sal
- ½ cucharadita de sal de ajo
- 1 cucharada / 15 ml de salsa estilo inglesa
- 30 g de mantequilla derretida
- 6 vueltas de molino de pimienta
- 3 cucharadas / 45 ml de puré de tomate

PREPARACIÓN

1. Filetea o pide en la pescadería que te corten el pescado en forma de mariposa y que le quiten las vísceras.
2. Una vez en casa, prende tu asador utilizando la madera recomendada u otro tipo que sea fácil de conseguir en tu localidad. El pescado deberá estar preferentemente a 70 cm de las brasas y el fuego deberá ser medio-bajo.
3. Una vez que el fuego está listo realiza cortes a la carne en forma de rombo, esto permitirá que tanto la sal, como el resto de los ingredientes penetren en la carne del pescado y una cocción más pareja. Luego sala muy bien el pescado donde hiciste los cortes, espolvorea la sal de ajo y salsa tipo inglesa.
4. Coloca en una parrilla especial el pescado y llévelo a las brasas. Primero se debe zarandear del lado de la piel, vas a notar el cambio de color crudo a cocido que sube, cuando este color llegue a la mitad es hora de voltearlo, pero antes rocíalo con un poco de mantequilla antes de voltearlo y luego por la parte de la escama, cuando chupa la mantequilla, se le pone el puré de tomate, se deja unos minutos más para terminar de zarandearlo.

MONTAJE

1. Se sirve el pescado sobre un platón, como guarnición frijoles, tortillas y salsa.

TIPS

Cuida el fuego, si ves que la flama se levanta, la debes bajar, esparcir esa llama hacia otro lado, el secreto es un fuego manso.

Tacos zarandeados

¡Uf! Estos tacos bien doraditos en el asador y con sabor a mangle son riquísimos, en ocasiones sólo como de estos tacos que pueden ser muy variados.

RENDIMIENTO

- 24-30 tacos

INGREDIENTES

- 24-30 tortillas
- ½ receta de marlin en escabeche (ver página 104)
- ½ receta de marlin a la mexicana (ver página 105)
- ½ receta de lisa en salsa (ver página 188)
- 1 taza de frijoles refritos (ver página 72)
- ¼ de receta de salsa para zarandeado (ver página 82)
- ¼ de receta de salsa verde para la lisa zarandeada (ver página 146)
- Madera de huinol, mango o capomo.

PREPARACIÓN

1. Arma tus tacos con estas preparaciones, 6 a 7 tacos por guisado, luego llévalos a la parrilla para que el fuego lento y la leña hagan su labor de dorado y sabor.

MONTAJE

1. Coloca en un platón grande los tacos con la abertura hacia arriba y las salsas en medio.

TIPS

Ponlos antes de que vayan a zarandear el pescado u otra cosa para que salgan de entrada. Deben quedar bien dorados.

Plátanos zarandeados

Donde descubrí esta opción de postre fue en Platani-tos. Basta con posar estos frutos bien maduros sobre la parrilla y dejarlos durante 40 minutos aproximada-mente, para después acompañarlos con un poco de crema y miel si se quiere.

INGREDIENTES

- 6 plátanos machos maduros
- ½ taza / 120 ml de crema
- ⅓ taza / 80 ml de miel
- Madera de huinol, mango o capomo

PREPARACIÓN

1. Coloca los plátanos sobre la parrilla, mientras se zarandea el pescado, voltéalos para una cocción pareja. Se empezarán a rasgar solos y sudar miel, este es el momento de sacarlos.
2. Colócalos en un plato y con la ayuda de una pin-za y cuchillo pélalos, se habrán caramelizado con sabor a mangle.

MONTAJE

1. Coloca la fruta en platos bonitos, al lado un poco de crema y un poco de miel.

TIPS

También suelen zarandear mangos en temporada, cuida que estén maduros.

Nuestra comida serrana. Huajicori, El Nayar y La Yesca

En tierra indómita se aprende a meditar, la semilla alcanza alto valor, es el fruto sagrado que heredaron los dioses. Porque somos hijos de la niña maíz.

ALMA VIDAL

Recetas

Atole de ciruela

La ciruela deshidratada al sol es característica de Nayarit, para los coras es un fruto especial, porque es el último fruto antes de las secas. Este atole lo encontré en las partes serranas y en el altiplano. La siguiente receta la aprendí en Huajicori.

INGREDIENTES

- 175 g de piloncillo
- 200 g de ciruela pasa
- 2.240 ℓ de agua
- 150 g de masa de nixtamal
- 10 g de vara de canela
- 1 pizca de clavo molido
- 1 pizca de sal

PROCEDIMIENTO

1. Enjuaga el piloncillo y las ciruelas con agua purificada.
2. Disuelve la masa en 240 ml de agua.
3. Vierte en una olla alta 2 litros de agua, la canela, el piloncillo y las ciruelas. Remueve frecuentemente para ayudar a que el piloncillo disuelva.
4. Una vez que suelte el hervor, baja el fuego y verifica si las ciruelas ya hidrataron. Una vez que hidraten, con la ayuda de un machacador presiónalas hasta que la pulpa se desprenda, continúa macerando para que el agua, el piloncillo y la ciruela se impregnen. Vuelve a subir el fuego y agrega, pasando por un colador, la masa disuelta en agua, remueve constantemente hasta que espese. Cuando empiece a espesar agrega la pizca de clavo y sal. Hierve 15 minutos más hasta que tome consistencia, no debe quedar muy espeso.
5. Acompaña muy bien a los tamales o sólo para una tarde lluviosa o fría.

TIPS

Esta es la preparación tradicional de la sierra; en Tepic suelen agregar leche y en algunos lugares chocolate. Puedes hacerlo mitad leche y mitad agua.

Arroz rojo cora

Este es el arroz que tradicionalmente se prepara durante el ritual de Semana Santa. Hay una noche en que los judíos te llevan prisionera a cocinar. Esa visión es un viaje al sentido de comunidad, en donde todos participan en la elaboración del alimento. Llegué ahí, y en la oscuridad de la noche me encontré con una gran explanada iluminada por fogones dispersos, unos para la calabaza cocida, otros para el nixtamal, el pescado frito y otro más para el arroz rojo. Me condujeron a una larga mesa donde mi labor primera sería moler maíz… –primero cómete un taco–, me dijo la gobernadora, tomó una gran tortilla recién hecha, la condujo a un recipiente lleno de arroz rojo y en un cerrar de mano formó el taco repletito de arroz y me lo dio. La primera mordida bastó para que me enamorara de este arroz, o tal vez la visión de esa noche. El arroz es suave, cremoso, ligeramente picoso, me hizo recordar al risotto. La señora Rutilia me enseñó a preparar este arroz.

INGREDIENTES

- ½ pieza de cebolla
- 1 pieza grande / 22 g de chile guajillo
- 5 tazas de agua
- ¼ taza / 60 ml de aceite
- ¾ taza de arroz
- 1 cucharada / 7 g de sal

PROCEDIMIENTO

1. Parte la cebolla en cuadros muy chicos y pon el chile guajillo a hervir en las 5 tazas de agua.
2. Vierte el aceite a una sartén de bordes altos y llévala al fuego medio, cuando tome temperatura agrega el arroz y mueve para que tome un color dorado ligero, baja el fuego.
3. Una vez que el chile se hidrató, quítale el rabo y el exceso de semillas. Lícualo en 4 tazas de agua de cocción y la mitad de sal.
4. Vierte esta salsa en un tazón, colándola. Rectifica la sal (la salsa debe quedar justa de sal).
5. Ya que el arroz tomó un color ligeramente dorado, incorpora la cebolla hasta que transparente y se dore ligeramente. Agrega poco a poco la salsa mientras mueves el arroz; cuando éste empiece a absorber el líquido, agrega más salsa y sigue moviendo, así hasta utilizar las 4 tazas. Mueve constantemente. Cuando todavía esté caldoso el arroz, pero al probarlo sientas que ya está blandito, apaga, retira de la estufa y déjalo reposar tapado de 7 a 10 minutos. Cuando lo vuelvas a revisar, verás cómo absorbió gran parte del líquido restante y su consistencia será cremosa, húmeda.
6. Es un arroz delicioso.

MONTAJE

1. Tradicionalmente se come en tacos. También se puede servir en porciones individuales, acompañado de queso fresco y tortillas.

TIPS

Como notarás, no especifico que se lave el arroz y así debe ser, al lavarlo se busca que el exceso de almidón reduzca. En este caso, el almidón es necesario para que ayude a espesar y absorber el líquido.

Enchiladas coras

Me envuelve el rac, rac, rac producto del roce de la piedra: metate y mano, mientras escucho sones de flauta y violín del pueblo cora, huichol, mexicanero o tepehuano que emite la radio de los cuatro pueblos. El sol tras las montañas y la señora Rutilia vuelve el chile guajillo, la canela y el clavo en un mismo elemento líquido tras el paso por el metate... las enchiladas de los coras.

INGREDIENTES

- 24 tortillas (ojalá pudieran conseguir de nixtamal y torteadas)
- ¼ taza / 60 ml de aceite
- ½ pieza / 60 g de cebolla morada
- 1½ taza / 140 g de queso añejo de Huajimic o adobera

Salsa

- 2½ tazas de agua
- 3 piezas / 27 g de chile guajillo
- ¼ pieza / 30 g de cebolla morada
- 1 g de canela en vara
- 2 clavos
- 1 cucharadita / 4 g de sal
- 2 cucharadas / 30 ml de aceite

PROCEDIMIENTO

Salsa

1. Hierve en 2 tazas de agua el chile guajillo.
2. Corta el ¼ de cebolla en medias lunas.
3. Pon en el molcajete la vara de canela y los clavos o si tienes un molino de café, ahí puedes triturar las especias. Pero no hay nada como el molcajete, sí se puede moler.
4. Cuando hidrate el chile, desvénalo y ponlo en la licuadora junto con las especias y 1½ taza de agua de cocción.
5. En una olla mediana calienta las dos cucharadas de aceite y dora ligeramente la cebolla, ahí vas a verter la salsa de guajillo, rectifica la sal y deja hervir 10 minutos. Retira la espuma que se forme.

6. Aparte ralla el queso añejo y la ½ pieza de cebolla córtala en medias lunas finas.
7. Calienta en una sartén los 60 ml de aceite y pasa las tortillas, no se deben dorar, rellena cada tortilla con queso y cebolla, enróllalas y báñalas con la salsa.

MONTAJE

1. Pon 4 tortillas rellenas de queso y cebolla, enrolladas por plato y salsea con suficiente salsa, espolvorea con queso y rebanadas de cebolla encima.

TIPS

El sabor tradicional lo conseguirás con un buen queso añejo de adobera y tortillas de nixtamal. La salsa debe quedar un poco espesa, para esto debes agregar el agua poco a poco, no tengas miedo si no le pones toda el agua o le pones un poco de más, siempre rectifica la sal.

Matahambre

–También comíamos matahambre –me decían las señoras en Huajicori, entre risas apenadas por la sencillez del guiso. Al estar brevemente en la casa de José Castañeda en el poblado llamado El Aserradero (sierra de Huajicori), me contó:

–Cuando no tenemos qué comer, hacemos matahambre, viera qué buena está esa chingadera –me dijo con ojos iluminados mientras salivaba por el recuerdo. Nunca lo comí, sólo me lo relataron. Cuando lo hice en casa, no pude sino estar de acuerdo con José Castañeda.

INGREDIENTES

- ¾ pieza / 80 g de cebolla
- 11 piezas / 460 g de tomate verde
- 1 pieza / 3 g de ajo
- 1 cucharadita / 4 g de sal
- ½ cucharadita / 1 pizca de orégano
- 1⅓ tazas agua de cocción
- 1 tazas / 133 g queso seco (adobera) rallado
- 300 g masa de maíz en bolitas chicas

PROCEDIMIENTO

1. Hierve la cebolla, el tomate verde y el ajo hasta que veas un cambio de color en el tomate y la cebolla. Vierte esto en la licuadora con la sal y vacíalo a una olla sin colar para que hierva. Agrégale el orégano molido entre tus manos, el queso de adobera y deja hervir esta salsa durante 10 minutos para que se integre el queso, prueba la cantidad de sal y rectifica.
2. Vierte todas las bolitas de masa de maíz cruda y deja hervir durante 15 minutos o hasta que estén cocidas.

MONTAJE

1. Sirve una porción de matahambre en cada plato, lo puedes acompañar de frijoles.

TIPS

Para que tenga un buen sabor necesita suficiente queso añejo, si donde vives no hay un buen queso de adobera, puedes sustituirlo por parmesano rallado.

Mole

Para mi sorpresa, en Nayarit hay mole. En Huajicori fue el primer lugar donde escuché este platillo como tradicional. Al igual que el pipián, se fue repitiendo a lo largo de las zonas serranas. Si los mullis son salsas que en el sur de México son la vívida expresión de un mestizaje, los mullis nayaritas son los moles originarios, con un incipiente atisbo de mestizaje. Esta receta es la que aprendí de mi prima Carmen y tía Teodora en Huajicori.

INGREDIENTES

- 2 cucharadas / 30 ml de aceite
- ⅓ taza / 63 g de maíz criollo, les recomiendo azul.
- 4¼ tazas / 1.020 ℓ de caldo de pollo (ver página 66)
- 1 pieza chica / 9 g de chile guajillo
- 1 diente / 3 g de ajo
- 1¾ pieza / 211 g de jitomate guaje
- 5 piezas de pimienta
- 1 pizca de comino
- Sal al gusto
- ¼ tableta / 20 g de chocolate de mesa
- 6 piezas de pollo de su preferencia (para su cocción ver página 66)

PROCEDIMIENTO

1. Vas a necesitar una sartén amplia de bordes altos, caliéntala un poco antes de verter una cucharada del aceite, esto es para que el aceite no se queme, luego dora primero el maíz, porque es más duro. Para evitar que se queme debes moverlos constantemente, va a llegar un punto en que los granos van a empezar a saltar. Entonces retíralos del fuego y ponlos en poco caldo de pollo a remojar.
2. Como hoy en día en nuestras casas no tenemos molino y es más difícil para la licuadora hacer este trabajo, mientras doras el resto de los ingredientes, remoja el maíz. Continúa con la labor de dorado del chile guajillo, ajo y el jitomate. Cuando estén listos, pon una olla o una sartén alta al fuego con una cucharada de aceite a calentar.
3. Por tandas ve licuando los ingredientes con la pimienta, comino y el caldo de pollo, tritura lo más que puedas en la licuadora, luego vierte esto pasando a través de un colador de malla mediana. Te va a quedar mucho bagazo, vuélvelo a colocar en la licuadora y con más caldo de pollo vuelve a licuar y repite la operación hasta que veas que ya no se puede licuar más. Exprime muy bien contra el colador y tira el bagazo.
4. Repite la operación con los ingredientes restantes, utiliza todo el caldo de pollo, pues se pierde mucho caldo con el bagazo. Agrega sal poco a poco hasta que tome el sabor deseado y pon el chocolate en tableta mientras mueves a fuego lento constantemente para que no se pegue. Va a espesar poco a poco.
5. Cuando ya tome la consistencia deseada agrega las piezas de pollo.

MONTAJE

En un plato coloca una pieza de pollo, báñala con el mole y acompaña el plato con arroz blanco o rojo y tortillas recién hechas.

TIPS

Debes tener mucho cuidado de que no se quemen los ingredientes al dorarlos, si no el sabor quedará amargo. Puedes hacer enmoladas, sólo tienes que pasar las tortillas por un poco de aceite, rellenarla con pollo desmenuzado y bañarlas con este mole. Son típicas de Huajicori.

Pipián

El primer lugar donde escuche este platillo como tradicional en Nayarit, fue en Huajicori y se fue repitiendo a lo largo de las zonas serranas, incluyendo Amatlán de Cañas, lo curioso es que se elabora casi igual a lo largo de la zona serrana. Esta receta es la que elaboró Leticia González, quien la aprendió de su madre, la señora Paulina Arteaga, ambas de Huajimic. Su gracia al tostar y limpiar las semillas haciéndolas saltar sobre un plato para luego soplar las cáscaras del cacahuate, me parece simplemente estética.

INGREDIENTES

- 3 cucharadas / 45 ml de aceite
- Debajo de ¼ taza / 26 g de maíz criollo, les recomiendo azul.
- 4¼ taza / 1.020 ℓ de caldo de pollo (ver página 66)
- ⅓ taza / 40 g de cacahuate entero sin salar (el de Amatlán de Cañas es excelente)
- ¾ taza / 56 g semillas de calabaza
- 1 pieza chica / 9 g de chile guajillo
- 3 pieza chicas / 1 g de chile cola de rata
- ¾ pieza / 45 g de cebolla
- 3 dientes / 9 g de ajo
- 1 hoja chica de laurel
- 1 pizca de comino
- Sal al gusto
- 6 piezas de pollo de su preferencia (para su cocción ver página 66)
-

PROCEDIMIENTO

1. Vas a necesitar una sartén amplia de bordes altos, caliéntala un poco antes de verter una cucharada del aceite, esto es para que el aceite no se queme, luego dora primero el maíz, porque es más duro. Dóralo sin que se queme, va a llegar un punto en que los granos van a empezar a saltar. Entonces retíralos del fuego y ponlos en poco caldo a remojar.
2. Como hoy en día en nuestras casas no tenemos molino, es más difícil para la licuadora hacer este trabajo, por lo que mientras doras el resto de los ingredientes, remoja el maíz. Continúa con la labor de dorado del cacahuate y las semillas de calabaza, si necesitas un poco más de aceite agrégalo. Ahora dora el resto de los ingredientes menos el laurel y comino.
3. Cuando todo esté dorado, pon una olla o una sartén alta al fuego con una cucharada de aceite a calentar, licua por partes las semillas y los chiles, donde haya un poco de todo con caldo de pollo. Tritura lo más fino que puedas en la licuadora y vierte esta salsa pasando a través de un colador de malla mediana. Te va a quedar mucho bagazo, vuélvelo a vaciar en la licuadora y con más caldo de pollo vuelve a licuar y repite la operación, exprime muy bien contra el colador y tira el bagazo.
4. Repite esta operación con el resto de los ingredientes, utiliza todo el caldo de pollo, se pierde mucho caldo con el bagazo.
5. Agrega sal poco a poco hasta que tome el sabor deseado. No sales de un jalón, porque tanto el cacahuate como la semilla de calabaza tienen un cierto toque salado, y el pipián va a reducir. Así que ve salando mientras mueves a fuego lento, mueve constantemente para que no se pegue, poco a poco va a espesar.
6. Cuando ya tome la consistencia deseada agrega las piezas de pollo.

MONTAJE

1. En un plato coloca una pieza de pollo, báñala con el pipián y acompaña el plato con arroz blanco o rojo.

TIPS

Cuida que no se quemen los ingredientes al dorarlos, si no el sabor quedará amargo. Si te sobra puedes congelar. Una opción para el pipián es asar nopales u hongos y salsearlos con pipián.

Sopa de hongo con queso

¡En la sierra de Nayarit hay hongos! Esta fue una grata sorpresa en Llano Grande, municipio de Huajicori. Tuve el privilegio de acompañar a los hijos de mi sobrino en una caminata de más de tres horas, donde salimos a las cinco de la mañana. El hongo que consumen puede llegar a tener 15 centímetros de diámetro o más, la textura muy carnosa y el sabor intenso. Sólo se consume en la temporada de lluvias. La receta la hice con hongos portobellos por ser los que tienen la textura más parecida.

INGREDIENTES

- 1 pieza / 120 g de cebolla
- 4 piezas grandes / 500 g de portobello
- 2 cucharadas / 30 ml de aceite
- 6½ tazas / 1.560 ℓ de agua
- 80 g de masa de maíz
- 1 taza / 133 g de queso seco (adobera) rallado
- 3 cucharaditas / 12 g de sal

PROCEDIMIENTO

1. Parte la cebolla en medias lunas delgadas y el portobello en tiras de un centímetro de grosor.
2. En una olla amplia calienta el aceite y agrega la cebolla, dora hasta que tome un color dorado ligero, sube el fuego y agrega los hongos hasta que doren ligeramente, luego vierte 1 litro de agua.
3. Con el resto del agua diluye la masa y agrégala a la olla junto con el queso de adobera rallado.
4. Deja hervir mínimo 15 a 20 minutos a fuego bajo antes de servir. Rectifica la sal.

MONTAJE

1. Sirve esta sopa en platos hondos, espolvorea con un poco de queso.

TIPS

Dora bien el hongo antes de agregar el agua, esto le otorgará un sabor muy especial.

Tamal ceremonial de frijol entre coras y huicholes

Este tamal coincidentemente lo utilizan coras y huicholes para sus fiestas ceremoniales en torno al maíz. Conserva su preparación prehispánica, pues no utiliza grasa, pero con un toque mestizo al hacer uso del comino en la elaboración de los frijoles. Son muy ricos y sencillos, la consistencia es compacta.

INGREDIENTES
- 14 hojas para tamal
- 660 g de masa de nixtamal (ver sección de tamales, página 60)
- ¼ taza / 60 ml de agua
- 1½ cucharaditas / 7 g de sal
- 1 receta de frijol para tamal y gorditas (ver página 67)

PROCEDIMIENTO
1. Primero prepara las hojas de maíz, después amasa la masa con el agua y la sal, pruébala de sal, si crees que le falta más agrégale.
2. Bate para incorporar muy bien y darle un poco de aire.
3. Toma en la mano aproximadamente 30 g de masa y palméala como si se fuera a hacer una gordita y rellénala con una cucharada grande de frijol. Cuando la rellenes deberás hacer la forma de un cuadrado y envolverla en hojas de maíz. Se pone este cuadrado en medio de la hoja, dobla uno de los laterales verticales hacia adentro, después el otro lateral y dobla uno de los extremos hacia la parte interna del tamal donde están los dobleces anteriores y luego el otro. Con la ayuda de una tira haz un nudo, luego por el otro extremo, realiza otro nudo.
4. Tradicionalmente se ponen a hervir en poca agua, sin vaporera. Hierve por espacio de 30 a 40 minutos, toma uno para ver si la masa se cocinó, de lo contrario déjalos hirviendo hasta que se cocinen, pero cuidado de no dejar hervir mucho tiempo porque si no quedan muy duros.

MONTAJE
1. Como ya he mencionado, la forma de comer de nuestros pueblos originarios es muy austera. No obstante, la salsa de guaje que preparan acompaña muy bien estos tamales, al igual que unas rebanadas de aguacate y un poco de jocoque.

TIPS
La cantidad de agua mencionada en la receta es muy poca, porque la masa de nixtamal ya viene muy hidratada y recomiendo utilizar masa de nixtamal. No obstante, si ustedes hacen su nixtamal o los hacen de harina de maíz, utilicen 330 g de harina de maíz nixtamalizado y 3 tazas de agua para formar la masa, luego añada el ¼ de taza para hacerla más ligera, aunque todo depende del harina, puede requerir un poco más o menos de agua.

Capirotada de piloncillo

Este es un postre tradicional de Semana Santa, que se comparte con otros estados de la república mexicana. Mi madre lo hacía y me encontré que lo hacen a lo largo de la sierra, incluyendo los pueblos originarios. Es tradición hacerla en cazuela de barro tapada y horneada al rescoldo del fogón. En Nayarit hay dos formas de hacerla: de leche y piloncillo, la última es la forma más tradicional y peculiar, pues la miel se hace a base de cebolla, jitomate, canela y piloncillo. Aunque sea por pura curiosidad hazla, corres el riesgo de que te guste. Esta es la receta de mi mamá, que rescaté con la ayuda de mi cuñada Elizabeth… sinceramente quien probó esta capirotada decía que era la mejor y cuando la hice para las pruebas, hasta a quienes no les gustaba "ingrió", como dijera doña Nacha, "la comida ingre al hombre".

RENDIMIENTO

- Una cazuela de barro de 25 centímetros de diámetro y 15 centímetros de altura

INGREDIENTES

Miel
- 4½ ℓ de agua
- 1 pieza / 120 g de cebolla
- 6 piezas / 732 g de jitomate guaje
- 8 piezas de clavo entero
- 1 vara mediana / 24 g de vara de canela
- 450 g de piloncillo

Relleno

- 5 tortillas secas de dos días
- 15 rebanadas de picón de 5 mm de grosor y secos de dos días
- 3 bolillos en rebanadas de 5 mm de grosor (23 rebanadas en total) secos de dos días (primero rebánalos y después déjalos deshidratar)
- 3 piezas de plátano macho bien maduro
- ¼ taza / 45 g de almendra entera
- ½ taza / 45 g de nuez en mitad
- ¼ taza / 43 g de pasas chicas
- ⅔ taza / 133 g de ciruela pasa sin hueso
- ¾ taza / 70 g de queso añejo rallado
- ¼ taza / 55 g de azúcar
- 1½ taza / 360 ml de aceite

PROCEDIMIENTO

Miel

1. Pon a hervir todos los ingredientes en una olla amplia a fuego medio, debe durar hirviendo aproximadamente 5 horas, hasta que el jitomate tienda a deshacerse y se reduzca al menos un litro el agua, quedando al menos 3½ litros de agua.

Relleno

1. Antes debo decir que el gran secreto, como todo en la cocina, tiene que ver con la calidad de los ingredientes y los tiempos de preparación.
2. Las tortillas, picón y bolillo rebanados se deben dejar idealmente a temperatura ambiente tapados con un lienzo para que se deshidraten durante dos a cuatro días.
3. Transcurridos estos días, fríe las tortillas en suficiente aceite aplastándolas con una pala de metal para que queden planas, cuando tomen un color

dorado ligero parejo ponlas a escurrir. Corta en rodajas de 5 mm de grosor el plátano macho bien maduro y fríelo hasta que tome un color dorado parejo, después ponlo sobre una charola extendida sobre papel absorbente y espolvoréalos con un poco de azúcar.

4. Sobre charolas dora en horno bajo las rebanadas de bolillo y picón.

5. Remoja la almendra en agua tibia para que suelte la cáscara y pélalas, una manera es ponerlas sobre un lienzo de cocina y estrujarlas, así soltarán su cáscara.

6. Dispón todos los ingredientes sobre una mesa antes de armar la capirotada.

MONTAJE

1. En tu cazuela o molde pon una capa de tortilla al fondo y a los lados.

2. Luego haz una capa de rebanadas bolillo, encima coloca de manera equidistante rodajas de plátano macho, mitades de nueces, almendras enteras peladas, pasas, ciruela pasa y por último espolvorea queso añejo suficiente; la siguiente capa inicia con picón y se le pone el resto de los ingredientes de la capa anterior (pasas, ciruelas, nuez, etc), así sucesivamente, se termina con picón y la fruta seca, plátano y el queso van encima.

3. Es muy probable que los ingredientes sobrepasen la olla, pero no importa, porque al ponerle la miel se van a bajar.

4. Cuando termines de armar la capirotada, cuela la miel, entonces con la ayuda de un cucharón empieza a hidratar esto virtiendo desde todas las partes de la superficie y vas a ir presionando ligeramente. Vas a ver cómo esa parte que tal vez sobresalía (dependiendo la olla) se compacta, deja

reposar la capirotada 10 minutos y verás cómo absorbe el líquido, vuélvela a hidratar y vuelve a dejarla reposar.

5. Métela al horno a 180°C. Cuando la miel esté casi al borde de la olla, tápala con papel aluminio y hornéala durante mínimo 1 hora, pero siempre fíjate que no se seque (si a media cocción notas que se está secando, vuelve a hidratarla un poco. Si ves que la miel está reduciendo pero que no está seca entonces déjala así y deja que se termine de hornear). Sabes que está lista porque cambia de color, el aroma que desprende es como de un budín de pan, se ve ya como un elemento unificado y no como piezas sueltas. Pero eso sí, mínimo una hora. Si ves que todavía tiene mucho líquido, la puedes dejar otros 15 minutos más. Su consistencia debe ser muy húmeda y esponjosa.

TIPS

Ya sé que es un proceso largo, pero si lo haces así el resultado será increíble y muy interesante. Un tip es que no lo hagas todo en un día, cuando tengas ganas de hacerla prográmate y rebana los bolillos y picones para que los dejes deshidratar, así como las tortillas. Luego un día puedes haces la miel para que hierva mínimo 5 horas a fuego lento, así como hornear los panes, pelar la almendra, dorar las tortillas y el plátano. Al día siguiente, ya con todos los elementos listos, sólo tendrás que armarla y hornearla.

No es un tipo de budín que se pueda partir en rebanadas pulcras, así que te recomiendo hornearla en una olla de barro bonita para que la puedas poner al centro de la mesa, cuando llegue el momento del postre y servirla desde ahí.

Piérdele el miedo y disfruta haciéndola, lo seguro es que la comerán con gusto.

Arepas de la tía Teodora

Son una especie de polvorón o galleta grande, de muy buen sabor. Otro de los panes de la tía Teodora en Huajicori, que se elabora a lo largo de la sierra.

RENDIMIENTO
- 21 piezas de 7 cm de diámetro

INGREDIENTES
- Debajo de ⅔ taza / 150 ml de leche evaporada
- 3½ cucharadas / 25 g de canela en polvo
- ½ cucharadita / 2 g de sal
- 1¼ cucharadita / 7 g de bicarbonato
- 1⅓ taza / 309 g de azúcar
- ¾ taza / 180 g de mantequilla derretida
- 5¼ tazas / 670 g de harina
- Harina para espolvorear en la mesa y rodillo

PROCEDIMIENTO
1. Originalmente se hace con canela en rollo y se muele en metate, pero ninguno de los electrodomésticos convencionales lo hace bien a excepción de un molino chico de café, por lo que opté utilizar canela en polvo.
2. Por un lado se debe mezclar en un tazón grande la leche evaporada, canela, sal, bicarbonato, azúcar y mantequilla derretida, bate hasta que el azúcar se disuelva. Incorpora la harina cernida a la preparación anterior, con la ayuda de una espátula y sólo al final usa tus manos para unir ligeramente, sin amasar, sólo unir.
3. Precalienta el horno a 190°C y engrasa dos charolas para hornear.
4. La masa tiene una consistencia quebradiza, espolvorea con harina la mesa de trabajo, pon una tercera parte de la masa y con la ayuda de un rodillo previamente enharinado extiende la masa hasta que tenga 8 mm de espesor, luego con un cortante, la tapadera de algo o un vaso de aproximadamente 7 centímetros de diámetro corta la masa y colócala en una charola de forma equidistante.
5. Cuando termines, mete las charolas al horno durante 25 a 30 minutos, no más porque si no se hacen muy duras. A los 20 minutos comienza a monitorearlas. Deben estar ligeramente infladas, firmes y suaves a la vez.
6. Puedes partir una y si tiene capas formadas no crudas ya está lista, cuando salgan del horno terminarán de endurecer.

TIPS

No sobreamases esta mezcla, porque se hará dura, con las manos terminarás de unificar la masa con dos movimientos. No esperes a que la arepa esté dura en el horno, si no al enfriarse será tan dura que no se podrá comer.

De izquierda a derecha: Pan de mujer, gorditas de requesón y arepas.
Abajo: Mermelada de Jamaica

Pan de mujer

Mis bisabuelos, al bajar de la sierra debido a la Revolución, vivieron en cuevas. Mi tío Miguel vivió también en cuevas en la sierra de Huajicori, donde me cuenta corrían ríos, a un lado tenía su corral y a mi tía Teodora siempre le hacía su horno de barro para que pudiera hornear. A este pan le dicen pan de mujer, al preguntarle el porqué del nombre, me contestó: –porque sabe diferente al que hacen los hombres–, creo que tiene razón, pues lleva canela, especia asociada con Afrodita. Se acompaña muy bien con la mermelada de jamaica característica de esa región.

RENDIMIENTO
- 18 piezas de 8 cm de diámetro

INGREDIENTES
- 1 taza de agua
- 1 cucharada / 7 g de levadura en polvo
- ½ taza / 115 g de azúcar
- 4 tazas / 519 g de harina
- 2 cucharaditas / 4 g de canela molida
- 1 cucharadita un poco copeteada / 5 g de sal
- Arriba de ¼ taza / 56 g de mantequilla a temperatura ambiente

PROCEDIMIENTO
1. Mi haiku favorito para inspirarme a amasar es: "Esta noche como muchas sin amante, haré pan hundiendo mis nudillos en la masa suave".

   Más allá de la existencia de un amante o no, me gusta porque describe la sensualidad de hacer masa. Hacer panes requiere del arte y virtud llamada paciencia. Pues no es complicado, pero sí requiere de tiempo. Se debe amasar, dejar reposar, luego volver a amasar, volver a reposar, etcétera. Pero sacar tus propios panes del horno no tiene precio. Si disfrutas el contacto con los elementos el proceso será un momento muy especial.

2. El uso de la levadura depende mucho del clima, de lo caliente, húmedo, frío, etc. Esta es una forma para que siempre te queden bien. Primero pon el agua al fuego a que entibie, que no pase de los 35 grados, luego hidrata la levadura en ¼ taza (del total del agua, no es aparte) y ahí vas a tomar un poco del azúcar y le pondrás una pizca, deja reposar mientras pesas la harina. Si nunca has hecho panes te recomiendo que utilices un tazón grande, ahí vacía la harina, sal, el resto del azúcar y la canela. Mezcla estos polvos muy bien y haz la forma de un cráter.

3. En medio vas a verter la levadura hidratada y el resto del agua tibia (¾ taza). Amasa para incorporar muy bien todos los elementos, cuando ya se hidrate la harina y se haya formado la masa como una bola, extiéndela sobre la mesa abriéndola hacia los extremos: harás lo que se llama romper o desgarrar. Entonces unta sobre esta masa la mantequilla que debe estar blandita. Debo decirte que este paso te puede desanimar, pero no lo hagas, aquí se trata de incorporar la mantequilla a la masa y la forma de hacerlo es rompiéndola o desgarrándola con la base de tu mano; es decir, desprende poco a poco la masa de su unidad para hacerla pequeños pedazos, la vuelves a unir amasándola levemente y repites el movimiento. Verás poco a poco, como extrañamente la mantequilla se incorpora.

4. Ahora el trabajo será unir la masa, haz una bola y amasa del centro hacia afuera y gira la masa un cuarto de vuelta y vuelve a rolar, es importante que no imprimas mucha fuerza, porque si no la volverás a desgarrar. Es un masaje suave digamos, notarás que se empieza a alisar. Continúa amasando durante 5 minutos, vuélvela a colocar en el tazón grande y tápala sin apretar con un plástico y colócala en un lugar tibio de la casa, puede ser la campana de la estufa.

5. Déjala reposar hasta que doble su tamaño, de 30 a 50 minutos. Cuando veas que ya creció, colócala sobre la mesa y sin miedo alguno la vas a cortar en porciones de 55 g, la volverás a amasar formando bolitas, déjalas reposar de nuevo, tápalas y cuando veas que doblen tamaño, engrasa una charola para hornear y precalienta el horno a 190°C.

6. Coloca cada bolita en una charola de manera equidistante, aplástalas con la palma de la mano, vuélvelas a tapar y deja que doblen tamaño. Una vez que doblen tamaño, las vas a meter a hornear durante 50 minutos a 1 hora, deben crecer en tamaño, tomar un color trigueño y cuando presiones alguna debe volver a tomar su forma. Si no ves que haya doblado tamaño, ni que tenga color, todavía no está lista.

7. Si cumple esos requisitos a la vista, puedes sacar un pan, partirlo y así te darás cuenta si ya está.

MONTAJE

1. Sírvelo en una panera acompañado de mermeladas, te sugiero elabores la mermelada de jamaica, que es característica de esta región.

TIPS

No mezcles por ningún motivo la sal y la levadura directamente. No desistas cuando tengas que integrar la materia grasa, el secreto está en desgarrar hasta que se integre la mantequilla y luego amasar. No quieras adelantar los tiempos de cocción, debes dejar que leven al doble de su tamaño en cada reposo.

Este pan se puede congelar en bolsa, recomiendo que lo hagas cuando esté tibio, así conservará su humedad y cuando lo descongeles estará muy suave al calentarse.

Gorditas de requesón de Martina

Después de un largo día de caminata en la búsqueda de hongos y bayusas, fue muy reconfortante cuando el aroma de estas gorditas alcanzó mis sentidos. Acto seguido me encaminé a la cocina y vi a Martina estirando unas bolitas de masa con rodillo y cocinando otras sobre el comal. Son una delicia.

Rinde de 24 a 33 piezas.

INGREDIENTES

- 3¾ tazas / ½ kg de harina
- ½ taza / 110 g de azúcar
- 1 taza / 200 g de requesón
- ¾ taza / 180 ml de leche
- 2 tblp / 30 ml de aceite

PROCEDIMIENTO

1. Mezcla la harina con el azúcar, agrega el requesón y amasa, poco a poco vierte la leche hasta hidratarla muy bien, al final agrega el aceite y continúa amasando. Rompe un poco la masa para que se integre bien el aceite y vuelve a amasar rolando del centro hacia un extremo, gira un cuarto de vuelta y vuelve a rolar.

2. La bola de masa tomará una textura lisa. Después haz bolitas de masa de aproximadamente 40 a 30 g y repósala 10 minutos. Con la ayuda de un rodillo extiende la masa hasta formar un círculo de 5 mm de espesor y déjalo reposar 30 minutos antes de su cocción al comal.

3. Transcurrido este tiempo pon las gorditas en el comal a fuego bajo para que no se quemen. Después de 5 a 7 minutos las puedes voltear. Cuando se cocinen por los dos lados están listas para comer.

TIPS

Lee la preparación de la receta del pan de mujer, ahí explico con amplitud el tema del amasado y desgarrado de la masa. En esta receta califico el desgarrado como leve, porque el aceite es poco, así que sólo tienes que abrir un poco la masa.

Mermelada de Jamaica

Fue una sorpresa total encontrar en Huajicori la mermelada de esta flor. Primero pensé que era cosa moderna, pero cuando preguntaba que quién se las había enseñado, me respondían: –pues mi mamá la hacía– o –mi abuelita la hacía–, por lo que deduzco que es algo arraigado aquí donde abunda esta flor. Originalmente se elabora con flor de jamaica fresca y se muele en el metate, la probé en la licuadora y funcionó muy bien.

Rinde un frasco de 500 ml

INGREDIENTES

- 2 tazas de agua
- 3 tazas / 66 g de jamaica deshidratada
- 1 taza / 223 g de azúcar
- 1 frasco de 500 ml hervido con tapadera de rosca metálica

PROCEDIMIENTO

1. Hierve 5 minutos las dos tazas de agua con la jamaica en una olla tapada, cuenta el tiempo una vez que suelte el hervor. Después apaga el fuego y deja hidratar la flor (ya hidratada la jamaica pesa 200 g).

2. Licua en dos partes la jamaica con 1¾ de taza de agua de cocción. Vacía este puré sin colar a una olla chica, agrega el azúcar y déjala hervir a fuego bajo moviendo constantemente de 15 a 20 minutos.

3. Cuando se incorpore el azúcar y comience a hervir con una burbuja densa, vierte la mermelada al frasco hervido, déjala enfriar antes de tapar.

4. Si deseas conservarla durante más tiempo, tápala cuando esté caliente y se creará un vacío por el vapor. Advierto que esta mermelada se debe conservar en refrigeración.

TIPS

Puedes dejar unas flores de jamaica hidratadas sin licuar y partirlas en tiras para que tenga textura y se confirme que está hecha de jamaica.

Leche cocida

En la sierra, en octubre, cuando los becerros crecen y es hora de marcarlos se celebra la Fiesta de los Herraderos. La abundancia marca esta estación del año, abundancia de pasto, de leche, de becerros.

–Se tiene licencia de matar un becerro y hacer birria, frijolitos puercos, pero "si no hay leche cocida, no hay herradero".

La leche cocida es un postre a base de leche bronca, es decir, recién ordeñada, que se infusiona con canela, algunos le dan un toque de anís, se endulza y espesa con harina de trigo o maíz, para luego de muchas vueltas, ya que espese, servirla con pasas y canela en polvo. La tradición marca que mientras las mujeres hacen sus alquimias en la cocina, los hombres separan las vacas de los becerros, los bañan, vacunan y luego los herran, pero la algarabía inicia cuando se elige un becerro y éste es introducido a la cocina por un maneador que lo tiene que manear hasta que el becerro suelta un bramido, se inicia la música, para acto seguido llenar tanto al becerro como el maneador de leche cocida –todititito se embarra, el cuello, el cuerpo…– sale al ruedo y la música, baile, cerveza, ya no se hacen esperar, para culminar con la esperada leche cocida.

INGREDIENTES

- 2 ℓ de leche
- 2 piezas de 10 cm / 12 g de canela en vara
- ¼ cucharadita de anís
- ¾ taza / 150 g de azúcar
- 1½ tazas / 217 g de harina

PROCEDIMIENTO

1. Este postre no es difícil de hacer, pero se requiere de tiempo y paciencia para mover constantemente la leche a fuego lento.

2. Vierte 1½ ℓ de leche en una olla, de preferencia que sea de acero inoxidable, las de aluminio suelen dejar un sabor metálico en la comida, agrega en frío la canela, el anís y el azúcar. Se debe calentar todo a fuego muy bajo, para que las especias suelten su sabor y el azúcar se vaya disolviendo, mueve constantemente con un batidor globo (de preferencia).

3. Mientras la leche toma temperatura y sin dejar de moverla, disuelve el harina con el ½ ℓ de leche restante (te recomiendo utilizar un batidor globo, pues ayuda a disolver todos los grumos, tenla a la mano, junto con una coladera de malla fina).

4. Cuando la leche ya quiere empezar a hervir y al probarla los sabores del anís y canela se han impregnado, agrega la harina disuelta en la leche, que pasarás a través del colador. Ahora sí, no debes dejar de mover, porque si no la leche se pega al fondo y se formarán grumos.

5. Cuando la leche empiece a tomar consistencia, cambia el batidor globo por una pala de madera o plástico y continúa haciendo movimientos suaves formando un 8. La leche se irá espesando cada vez más y el harina cocinando, deberás mover cerca de 30 a 40 minutos para esta proporción.

6. Ten a la mano un vaso con agua y cuando sientas que ya está muy espesa la leche, con una cuchara chica vierte un poco al vaso, si se forma una bolita ya está lista, si se desparrama, debes seguir batiendo.

7. Cuando realices la prueba del vaso y se forme la bolita, retira la leche del fuego y las varas de canela.

8. Tradicionalmente se vierte la leche cocida a un refractario amplio y se cubre con plástico en rollo (film) o una bolsa de plástico sobre la superficie, a esto se le llama film en contacto y evitar así que se forme una nata.

9. Cuando se enfría, toma la consistencia de una gelatina.

MONTAJE

1. Parte en cuadros la leche cocida y coloca cada cuadro sobre un plato, espolvoréalos con canela en polvo y unas pasas.

2. En lo personal, me gusta comerla cuando todavía está tibia y tiene consistencia de natilla o en lugar de ponerla sobre un refractario, la pongo en tazas chicas y la dejo enfriar, aunque la consistencia no sea tan firme.

TIPS

Ten a la mano todos los utensilios, como el batidor globo, la pala, el colador, el vaso con agua para hacer la prueba, una cucharita para probar. Porque este tipo de preparaciones necesita que no dejes de batir y si tienes todo a la mano te va a facilitar mucho el trabajo. Sobre todo, ten conciencia de la tradición tras este postre, ármate de tu mejor estado meditativo y hazlo con mucho amor.

Una variante es utilizar piloncillo en lugar de azúcar y masa en lugar de harina, a ésta la llaman colorada, por la masa de maíz y el tono cobrizo del piloncillo.

Tamal colado

Este postre se conoce como tamal tonto, tamal colado o atole tonto. Es una natilla muy espesa que al enfriarse toma la consistencia de un tamal, por lo que su presentación más habitual es dentro de las hojas más tiernas y verdes del elote. Tradicionalmente se hace de elote en la zona serrana como Huajicori o Amatlán de Cañas y en la costa a base de coco.

INGREDIENTES

- 6 piezas o 916 g / 5¾ tazas de elote desgranado
- 2¾ tazas / 420 ml de leche
- 1 pieza 11 cm / 7 g de canela en vara
- ⅔ taza / 146 g de azúcar

PROCEDIMIENTO

1. Desgrana el elote, dependiendo el elote te debe rendir 5¾ tazas de elote desgranado, si el elote es muy chico, es probable que necesites otra pieza más o lo contrario.
2. En tandas pequeñas ve licuando el elote con la leche, deja que la licuadora muela muy bien, luego ve colando el líquido resultante en una olla, presiona con un cucharón sobre la coladera para extraer todo el líquido y ve tirando el bagazo resultante y repite la operación hasta que licues todos los granos de elote.
3. Si se te acaban las 2¾ tazas de leche, utiliza el líquido resultante de la molienda del elote y la leche, pero no uses más leche sola.
4. Ya que está todo molido, agrega la canela, el azúcar y llévalo al fuego bajo moviendo constantemente esta preparación con un batidor globo. No se debe dejar de batir, si no se harán grumos y se pegará en la olla. Al cabo de 20 minutos aproximadamente empezará a espesar.
5. Cambia el batidor globo por una pala de madera o plástico, continúa batiendo hasta que se vuelva muy espesa, sabrás que está lista porque al poner un poco de esta preparación en un vaso con agua se formará una bolita y no se desparramará. Cuando pases esta prueba, retira del fuego, saca la vara de canela y cubre en contacto con un plástico la superficie de la natilla.
6. Cuando se entibie podrás poner las porciones de natilla en su contenedor final.

MONTAJE

1. Tradicionalmente, al entibiarse se van vaciando porciones en hojas tiernas de elote y se doblan como un tamal, se dejan a temperatura ambiente o refrigeran para que espesen más rápido.
2. Cuando se sirve, te presentan el tamalito sobre un plato. Esta natilla queda tan firme como si fuera una gelatina o un tamal, de ahí el nombre de tamal tonto.

El altiplano y la capital nayarita

En esta región, bajo la sombra ya poblada de estrellas, se disfrutan las ricas tentaciones: sopes, pozole, gorditas y enchiladas, birrias y carnes de asadero.

ALMA VIDAL

Recetas

Bolillo con requesón y miel

Esta combinación es clásica de las casas antiguas de Tepic. Es ideal como postre de desayuno o para comer solo con tu café. La belleza es que es sencillo de hacer y muy rico.

INGREDIENTES

- 3 bolillos de Tepic (9 cm / 3.5 pulgadas de largo)
- 6 cucharadas / 90 ml de miel de abeja
- 1 taza / 233 g de requesón

PROCEDIMIENTO

1. Parte los bolillos de Tepic por mitad a lo largo, los puedes sustituir por baguette francesa, que tenga costra. Retira el migajón y baña cada bolillo con la mitad de una cucharada de miel (7 ml).
2. Unta bien con una espátula y rellena con requesón cada mitad (38 g de requesón).
3. Vuelve a verter la mitad de cucharada (7 ml) de miel sobre cada bolillo con requesón.
4. Hornea aproximadamente 15 min a 180°C o hasta que tomen un color ligeramente dorado.
5. ¡A disfrutar! Son adictivos.

Gorditas de frijol de Santa María del Oro

La señora Moni, de Santa María del Oro, es la experta en gorditas de frijol. Son una verdadera delicia, despertar por la mañana y comerse unas con salsa y aguacate hace bien al alma. Ella nos pasó su receta. Cambié la manteca de la masa por el aceite, queda muy bien, pero si deseas el sabor tradicional sólo sustituye los mililitros de aceite por el mismo peso en manteca.

INGREDIENTES

- 600 g de masa de maíz (preferente de nixtamal, de lo contrario ve en consideraciones sobre las recetas el uso de harina de maíz, página 60)
- 1 cucharada + 1 cucharadita / 13 g de sal
- 5 cucharadas/ 75 ml de aceite
- ½ receta de frijoles para tamales y gorditas (ver página 67)

PROCEDIMIENTO

1. Mezcla la masa, sal, aceite (o manteca) y amasa muy bien hasta incorporar todos los elementos.

2. Haz bolas de 50 g de masa y aplánalas con las palmas hasta formar una círculo de 9 cm de diámetro.

3. En medio coloca 1 cucharada (15 g) bien servida de los frijoles y dobla para cerrar a modo de una empanada, después dobla los extremos hacia adentro y comienza a palmear esta masa rellena entre tus manos hasta darle una forma redonda.

4. Cocina sobre comal o sartén a fuego lento, la cocción debe ser lenta para que la masa se cocine pareja sin quemarse.

5. Cuando veas que el color va cambiando de crudo a cocido y toma un color dorado intenso, voltéala de lado y espera a que se cocine.

TIPS

Acompaña las gorditas con rebanadas de aguacate, salsa roja con chile cola de rata (ver página 83) y un poco de jocoque.

Lisa en salsa

La lisa tatemada es muy de la comida, pero cuando sobra, es el desayuno deseado. Esta receta es muy común entre las familias de Tepic, que compraban lisa tatemada cuando regresaban de su paseo en la Tovara y al día siguiente la desayunaban.

INGREDIENTES

- 2 piezas / 244 g de jitomate guajillo
- ½ pieza grande / 70 g de cebolla
- 2 piezas / 14 g de chile serrano
- 2 piezas / 6 g de ajo
- ¼ pieza / 30 g cebolla
- 1 pieza grande / 550-600 g de lisa tatemada (debe quedar de pura carne sin carcaza, espinas, ni cabeza 380 a 400 g)
- 2 cucharadas /30 ml aceite
- 1 cucharadita / 4 g sal
- 2 tazas de agua
- 4 g de cilantro (hojas y tallos delgados)
- 4 g de hojas de cilantro picado (hojas y tallos delgados)

PROCEDIMIENTO

1. Hierve el jitomate, la media cebolla, chile serrano y el ajo en dos tazas de agua.
2. Mientras hierve, corta el cuarto de cebolla en medias lunas y reserva.
3. Quítale toda la carne a la lisa y cuida que no se vayan espinas.
4. Calienta una sartén amplia y vierte el aceite, cuando tome temperatura agrega la cebolla, cuando tome un color transparente, agrega la carne de la lisa. Para este entonces, ya habrá hervido el jitomate, los chiles y el resto de los ingredientes, que deberás licuar (quítale el rabo al chile) con al menos 1 cucharadita de sal, ½ taza del agua de cocción y 4 gramos de cilantro.
5. Ya licuado todo, vierte la salsa en el sartén donde está la lisa con la cebolla, baja el fuego y deja cocinar al menos 15 minutos para que tome sabor. Cuando veas que el guiso toma otro color, enton-

ces agrega el cilantro picadito, revuelve, tapa y deja al fuego 1 minuto antes de apagar.

MONTAJE

1. Sirve en cada plato una porción de lisa y acompáñala con frijoles, rebanadas de aguacate y tortillas recién hechas…. mmmmm.

TIPS

No guises demasiado la lisa antes de agregarle la salsa. El cilantro picadito debe ser al final justo antes de apagarla. Como en todos los guisos, el fuego lento y tiempo son la clave. No tires el agua de cocción de inmediato, porque es probable que necesite más líquido y no hay nada mejor que el agua de cocción de los chiles para que otorgue sabor.

Puedes hacer este guiso completo aunque sólo sean dos personas, se puede congelar perfectamente y cuando tengas una parrillada, haz tacos zarandeados de lisa.

Machaca de camarón seco

Este guiso emula a la machaca de carne. Se realiza a base de camarón seco y es común del desayuno. Se acompaña de frijoles refritos, aguacate y jocoque.

INGREDIENTES

1½ pieza / 150 g de cebolla
2½ piezas / 300 g de jitomate guaje
2 piezas / 14 g de chile serrano
1 taza copeteada / 70 g de camarón seco sin cabeza
10 huevos
6 vueltas de molino de pimienta
2 cucharadas (30 ml) de aceite

PROCEDIMIENTO

1. Pica la cebolla, el jitomate y el chile serrano en cuadros muy chicos sin mezclarlos.

2. Tritura por tandas el camarón seco en una licuadora o procesadora, cuida que no quede polvo. Bate los huevos y agrégales 2 vueltas de molino de pimienta, resérvalos.

3. Calienta una sartén amplia y al tomar temperatura vierte el aceite, agrega la cebolla junto con el chile, el resto de la pimienta y sofríe unos minutos, hasta que la cebolla empiece a largar su jugo y el chile a dorar un poco. Incorpora el jitomate, mueve un poco y deja cocinar unos momentos.

4. Cuando veas que el jitomate cambió de color y que larga jugo, incorpora el camarón seco triturado, mueve un poco, deja cocinar, verás cómo el camarón absorbe el jugo del jitomate y desprende un aroma fantástico.

5. Cuando ya se vea un guiso integrado, vierte el huevo batido y mueve constantemente sin dejar que se pegue. Este es el secreto de un huevo revuelto tierno. Mueve la parte de abajo hacia arriba constantemente, quedará esponjoso, un poco tierno. Retira del fuego y sirve inmediatamente.

6. Si se desea bien cocido, dale más tiempo de cocción.

MONTAJE

1. Sirve en cada plato plano una porción de machaca y frijoles refritos calientes, acompaña con rebanadas de aguacate, queso fresco y un bolillo bien doradito.

TIPS

El secreto es dejar guisar muy bien la verdura, luego darle tiempo con el camarón antes de agregar el huevo. Si no se deja cocinar no tendrá un sabor integrado y sabrá a verdura cruda. Para obtener un huevo tierno, se debe mover constantemente hasta que cuaje todo.

Nopales navegantes

Estos nopales son muy buenos y típicos en algunas familias de Tepic. Les recomiendo ampliamente que los prueben.

INGREDIENTES

- 400 g de nopales (ver cocción de nopales página 65)

Salsa
- 4 tazas de agua
- 10 piezas / 380 g de tomate verde
- 3 piezas / 24 g de chile serrano
- ½ pieza / 60 g de cebolla
- 1 pieza / 3 g de ajo
- 2 piezas medianas / 380 g de papa
- 1 taza / 60 g de camarón seco chico (con cabeza)
- 15 g de cilantro para licuar (tallos delgados y hojas)
- 1 cucharadita / 4 g de sal
- 10 g de cilantro (tallos delgados y hojas) para picar

PROCEDIMIENTO

1. Hierve en una olla amplia los tomates verdes, chile serrano, cebolla, ajo y la papa entera.
2. Quítale la cabeza y la cola al camarón.
3. Después de 10 minutos o cuando el jitomate haya cambiado de color y esté suave, licua todos los ingredientes menos la papa en 1⅓ taza de agua de cocción, el cilantro para licuar y la sal.
4. Deja que la papa se siga hirviendo hasta que al insertarle un cuchillo esté suave, pero firme. Vierte la salsa a una olla y déjala hervir durante 6 minutos, retira el exceso de espuma, prueba de sal, rectifica y agrega los nopales cocidos deja hervir 6 minutos más.
5. Cuando la papa esté suave, pélala y pártela en cuadros de 2 centímetros, viértela junto con el camarón entero a la salsa con los nopales y deja hervir 5 minutos más.

MONTAJE

1. Sirve en platos individuales una porción de nopales y encima espolvorea con cilantro picado.

Plátano macho hervido

Estos plátanos son la forma en que las abuelas los hacían, eran el postre perfecto para cualquier momento del día, son ligeros y fáciles de hacer.

INGREDIENTES

- 3 plátanos machos bien maduros
- 1 taza de agua
- 1 vara / 5 g de canela
- 1 pizca de sal

PROCEDIMIENTO

1. Lava los plátanos, corta las puntas y pártelos en tres o cuatro partes con todo y cáscara. Ponlos en una olla con el agua, canela y pizca de sal.
2. Déjalos hervir durante 20 a 25 minutos o hasta que estén suaves, cambien de color y se expandan.

MONTAJE

1. Se sirven en un platón al centro de la mesa.

TIPS

Originalmente se acompañan con un vaso de leche.

Rajas con zanahoria

Estas rajas son deliciosas, en lo personal me gusta desayunarlas, pero bien pueden constituir una entrada para la hora de la comida. Las aprendí de mi prima Chela Zavala, que es una maga de la cocina.

INGREDIENTES

- 6 piezas medianas / 520 g de chile poblano
- 1½ pieza / 180 g de cebolla
- 2 piezas / 220 g de zanahoria
- ¼ taza / 60 ml de aceite de oliva
- 1½ cucharadita / 6 g de sal
- 10 vueltas de molino de pimienta
- 1 cucharadita / 5 ml de vinagre de manzana

PROCEDIMIENTO

1. Quema y limpia los chiles siguiendo la receta de la página 106.
2. Mientras los chiles reposan, parte finamente en medias lunas la cebolla, la zanahoria en bastones delgados de 5 centímetros por 3 milímetros.
3. Vierte el aceite de oliva a una sartén amplia y la zanahoria a fuego lento, su cocción debe ser lenta para que se aromaticen con el aceite. Cuando ablanden incorpora la cebolla a que transparente.
4. Mientras se cocinan a fuego lento, limpia los chiles y haz rajas a lo largo de 5 milímetros de ancho, agrega las rajas a la cebolla con la zanahoria, salpiméntalas y déjalas cocinar a fuego bajo. Transcurridos 5 minutos agrega el vinagre.
5. Tapa y vuelve a dejarlas otros 5 minutos para que tomen sabor, pero no se deben sobre cocer.

MONTAJE

1. Sirve en tacos, en tostadas o en el plato acompañadas de frijoles.

TIPS

Cuida de no carbonizar los chiles al momento de quemarlos. Es importante que las zanahorias se suavicen y cambien de color antes de agregar la cebolla.

Pico de gallo

Ignoro el origen del nombre, pero esta entrada es una especie de ensalada frutal como entrada, ideal para los días calurosos o hasta por las tardes por el puro placer de comer.

INGREDIENTES

- 8 piezas de naranja
- 2 piezas chicas / 500 g de jícama
- ¾ pieza / 80 g de cebolla
- 2 piezas / 14 g de chile serrano
- ½ cucharadita / 2 g de sal
- ½ cucharadita de orégano

PROCEDIMIENTO

1. Exprime 4 naranjas para obtener 1½ taza de jugo, pela y parte las jícamas, primero por mitad longitudinalmente y después en medias lunas delgadas.

2. Pela y parte las 4 naranjas restantes en rodajas.
3. Corta la cebolla en cuadros muy finos y el chile serrano también, puedes dejar la mitad de un chile en rajas como decoración.
4. Al jugo de naranja agrégale la sal y el orégano moliendo entre tus manos, luego disuelve. Rectifica la sal.

MONTAJE

1. Elige un platón bonito y ahí ordena intercaladamente las jícamas y rebanadas de naranja, encima la cebolla y el chile, vierte aquí el jugo de naranja.

TIPS

De preferencia deja que se maceren 15 minutos dentro del refrigerador antes de comer.

Requesón con verduras

Esta preparación es ideal como entrada o en reuniones para untar en tostadas, es común en las casas de Tepic.

INGREDIENTES

- 1 pieza chica / 135 g de pimiento verde
- ½ vara / 50 g de apio
- ½ pieza / 60 g de cebolla
- 1 pieza / 110 g de zanahoria
- 1⅓ taza / 300 g de requesón
- 7 vueltas de molino de pimienta
- 1 cucharadita / 4 g de sal (o al gusto)

PROCEDIMIENTO

1. Pica el pimiento verde, el apio y la cebolla en cuadros muy chicos.
2. Ralla la zanahoria, luego mezcla todo esto con el requesón, la pimienta y sal al gusto.

MONTAJE

1. Pon la preparación en un tazón bonito y alrededor tostadas o galletas. Es una entrada muy rica para la época de calor.

TIPS

Todo debe estar picado finamente, para que sepa mejor. Una opción es guisar la verdura con poco aceite, enfriar y mezclar con el requesón. Otra opción es agregarle camarón seco triturado nos contó la señora Evelia de Encarnación.

Asado con pollo

No sé por qué le llamaran asado a esta salsa si en realidad es un tipo de mole, característico de Jala, Santa María del Oro y algunas zonas del altiplano. Esta es la receta que me enseñó a hacer la señora Lucinda, quien tiene un restaurant llamado la Joya, en Jala.

INGREDIENTES

- 6 piezas de pollo (ver cocción del pollo página 66)
- 4 piezas / 33 g de chile guajillo
- 3 piezas / 47 g de chilacate
- 1½ ℓ de caldo de pollo
- 1 bolillo dorado
- 2 cucharadas / 30 ml de aceite
- 8 pimientas enteras
- 2 pizcas de comino
- 3 clavos
- 2 g de canela en vara
- ½ cucharadita de orégano
- 1 pieza / 3 g de ajo
- Sal
- 45 g de chocolate
- ½ pieza / 60 g de cebolla morada
- 2 piezas de limón

PROCEDIMIENTO

1. Hierve el pollo y reserva el caldo necesario para la receta.
2. Primero, tuesta los chiles guajillos y chilacates en una sartén sin aceite, después ponlos a hervir en 1 taza de caldo.
3. Mientras hierven, parte el bolillo por mitad transversalmente y dóralo con poco aceite.
4. En un mortero o molcajete haz una pasta aromática con la pimienta, comino, clavo, canela, orégano, ajo y ¼ de cucharadita de sal.
5. Licua los chiles, el bolillo y la pasta aromática muy bien, puedes vaciar un poco de caldo en el molcajete para aprovechar toda la pasta.
6. Vierte en una olla el asado colándolo con un colador de malla gruesa, agrega el resto del caldo de pollo y el chocolate. Rectifica la sal y hierve a fuego lento, mueve constantemente para que no se pegue.
7. Parte la cebolla en gajos y ponla en un tazón chico, junto con el jugo de los dos limones y una pizca de sal. 10 minutos antes de servir, agrega las piezas de pollo a este mole.

MONTAJE

1. Sirve en cada plato una pieza de pollo, salsea generosamente con el asado y decora encima con la cebolla morada desflemada.
2. Se puede acompañar de arroz rojo o blanco.

TIPS

El pollo se puede sustituir por lengua, para su cocción ve la receta de la lengua en salsa verde (ver página 214)

Birria

Este platillo es muy difícil de catalogar en una región, porque en la zona costera, cansados de los mariscos, celebran eventos especiales con la birria, pero también en el altiplano y algunas zonas serranas, por lo que decidí dejarlo en la zona del altiplano. Si bien es otro platillo compartido con otras zonas de México, la birria en Nayarit no lleva verdura. En el interior del estado se le conoce como ambigú al conjunto de birria, frijoles puercos y sopa de pasta que se sirve en el festejo de 15 años y bodas. Recorrí innumerables kilómetros a lo largo del estado conversando en distintos lugares sobre recetas de birria. Esta que sigue es una conjunción de todas ellas, quedó como dijeran mis comensales en la degustación, "mmmm sabe a birria de 15 años". Lo mejor que es que no es difícil de hacer. La puedes elaborar sobre la estufa de tu casa.

INGREDIENTES

- 2.100 kg de chamberete, mitad con hueso y mitad sin hueso
- 6 ℓ de agua
- 4 piezas / 12 g de ajo
- 1 cucharada / 8 g de sal

Recaudo

- 3 piezas grandes / 30 g chile guajillo
- 4½ piezas / 550 g de jitomates guaje
- ¾ pieza / 100 g de cebolla
- 2 cucharadas / 30 ml de vinagre de caña
- ½ cucharadita sin llenar de comino
- 7 piezas de pimienta entera
- 3 piezas / 9 g de ajo
- 1 hoja mediana de laurel
- ½ cucharadita de orégano
- 3 piezas de clavo de olor
- 1 varita chica y delgada / 1 g de canela
- 1½ cucharada / 12 g de sal

PROCEDIMIENTO

1. Enjuaga la carne y ponla a hervir en el agua, ajo y sal en una olla lo suficientemente grande durante 40 minutos o una hora, quizá un poco más. Cuando esté suave, retírala del fuego.
2. En una olla pequeña, hierve los chiles en 1 taza de caldo de cocción durante 10 minutos. Cuando estén suaves y el color más intenso retirarlos del fuego, quítales el cabo y las semillas.
3. Pon en la licuadora todos los ingredientes del recaudo en crudo, a excepción del chile guajillo con 2 tazas de agua de cocción, licua y vierte esto a una olla, a fuego medio y cuando suelte el hervor rectifica la sal.
4. Una vez que hierva y esté justo de sal, agrega las piezas de carne y deja hervir todo mínimo 30 minutos, ideal 50 minutos a fuego lento y tapado para que tome su sabor.
5. Reserva un poco de agua de cocción, porque si se espesa mucho el recaudo lo puedes aligerar con él.

MONTAJE

1. Sirve en un plato de 2 a 3 piezas de carne por persona, salsea generosamente y acompaña con frijoles puercos.
2. Se acompaña de tortillas.

TIPS

Deja hervir a fuego lento, respeta los tiempos de cocción y obtendrás un resultado maravilloso. En Paramitas le agregan un poco de chocolate y la sirven con rodajas de naranja.

Carne con chile

Era muy común desayunar, comer o cenar carne con chile en la época de mi abuela y madre. Posteriormente me encontré que era una especialidad de la región de Jala. César Messina me dijo que su abuela hacía una carne con chile muy buena. Así que con su permiso la busqué. De esta forma tuve el privilegio de conocer a doña Nacha, de 104 años de edad, mujer de espíritu fuerte, la mirada llena de experiencias, de historias por contar y cuyas manos sin duda alguna pasaron largas horas tras fogón y metate. Luego de platicar me da algunas lecciones: –Las mujeres ahora son unas huevonas, no les gusta cocinar. Pero al hombre no lo ingre la cama, lo ingre la comida; con cualquiera se van, no cualquiera les cocina. No hay como hacer unas gorditas de masa con natas, unos frijoles y una carnita con chile, ¡todas comidas de rancho pero sabrosas!–. Esta es la receta que me enseñó.

INGREDIENTES
- 800 g de sirloin en filetes para asar
- Sal al gusto
- Pimienta al gusto

Salsa
- 7 piezas / 240 g de tomate verde
- 4½ piezas / 550 g de jitomate guaje
- 6 piezas / 42 g de chile serrano
- 10 g de cilantro (hojas y tallos delgados)
- Sal al gusto
- ¾ pieza / 85 g de cebolla
- 2 cucharadas / 30 ml de aceite

INGREDIENTES
1. Calienta un comal y un sartén amplio.
2. Mientras tanto, salpimienta ligeramente la carne.
3. Cuando los sartenes estén calientes, coloca las tiras de carne en el comal para que se ase, debe chisporrotear, y en la sartén pon los tomates, jitomates y el chile a asar, deben tomar un color quemado ligero, voltéalos para que se cocinen parejo.

4. Mientras tanto cuida la carne también. Cuando dore de un lado, voltéala, previamente salpimentado ese lado también.
5. Cuando los jitomates y chiles estén asados, licúalos con el cilantro, si necesitan un poco de agua agrégasela, pero no mucha, puede ser ¼ taza y sal al gusto.
6. Corta la cebolla en medias lunas y resérvala.
7. Cuando la carne esté bien asada por ambos lados sin que se desjugue, coloca rebanadas de carne en el molcajete y golpéala con la mano del molcajete. El golpe debe ser como si quisieras ir separando la carne. Cuando machaques toda la carne, deshébrala en trozos chicos.
8. Calienta una sartén, viértele el aceite y la cebolla que ya cortaste, cuando empiece a tomar color transparente, agrega la carne a dorar ligeramente, cuando tomen un color café parejo, vierte la salsa y hiérvela a fuego medio bajo, cerca de 10-15 minutos. Créeme, queda deliciosa, doña Nacha tiene razón.

MONTAJE
1. Sirve una porción en cada plato y acompáñala de frijoles refritos o de la olla, queso fresco, aguacate, jocoque y si se puede unas ricas gorditas de masa.

TIPS
La carne toma mejor sabor si se asa al carbón. Lo que puedes hacer es que, cuando tengas una carne asada, asa a propósito un kilo de carne más y guárdala para hacerla con chile al día siguiente. Pero al comal también queda riquísima.

Carne deshebrada

Mi querido amigo, Héctor Amarillas me recomendó que pasara a Mi Restaurancito, en el Capomal. Me dijo que la carne deshebrada de ahí era riquísima. No exageró. Esta carne se puede desayunar, comer o cenar. La señora Genoveva Verdín Medina, su autora, nos contó que inició en un lugar muy chico haciendo unos cuantos kilos de carne, hoy su fama se ha extendido y su restaurancito es grande ya. Disfruten.

INGREDIENTES

- 1.500 kg de pierna de res
- 3 ℓ de agua
- ½ cucharadita / 2 g de sal
- 2 piezas / 6 g de ajo
- 1¾ pieza / 200 g de cebolla
- 14 piezas / 1.440 kg de jitomate
- 160 g de zanahoria curtida en juliana
- 70 g de chile jalapeño en gajos
- ½ taza / 120 ml de aceite
- 2 hojas de laurel
- Sal al gusto
- 16 vueltas de molino de pimienta
- 3 cucharadas / 45 ml de aceite

PROCEDIMIENTO

1. Hierve la carne en 3 litros de agua, ½ cucharadita de sal y los 2 ajos, hasta que esté bien suave. Cuando la carne esté lista, sácala del agua y deshébrala fino.
2. Parte la cebolla y el jitomate en gajos delgados. La zanahoria curtida y el chile jalapeño en tiras medias.
3. Calienta a temperatura media el aceite en una sartén amplio y dora la carne con la hoja de laurel, cuando tome un color dorado incorpora sal al gusto, pimienta, cebolla, jitomate, zanahoria y el chile jalapeño, todo esto debe dorar mínimo 10 minutos, si sientes que falta un poco de aceite no dudes en agregarlo.
4. Sabrás que está listo porque todo tendrá un color dorado y empezará a desprender aroma.

MONTAJE

1. Sirve en cada plato una porción de carne, aparte dora unos gajos de jitomate para los sirvas encima de la carne.

TIPS

Acompaña este guiso con frijoles refritos y jocoque. Una magnífica opción es desayunarla con unos buenos chilaquiles.

Chiles rellenos en frío de camarón

–Los chiles rellenos en frío eran muy típicos para las tardes calurosas de verano– me relató Fernando Zavala.

Luego Laura Parra expresó: –¡Uy, los chiles rellenos en frío, eran muy ricos!–. Rescaté dos maneras de rellenarlos que aquí presento.

INGREDIENTES

- 6 chiles poblanos de buen tamaño Ver su preparación en los chiles en frío de elote (página 205)

Relleno de camarón

- 1¾ pieza / 200 g de cebolla
- 3 piezas / 366 g de jitomate
- ¼ taza / 60 ml de aceite de oliva
- 860 g de camarón con cabeza / 540 g de camarón sin cabeza
- 6 vueltas de molino de pimienta
- ½ cucharadita/ 4 g de sal

PROCEDIMIENTO

1. Parte la cebolla y el jitomate en cuadros chicos, pero al jitomate elimínale las semillas previamente. Esto hará que tenga un toque dulce en la preparación final.
2. En una sartén amplia vierte el aceite de oliva y déjalo entibiar a fuego bajo, incorpora la cebolla y cuando tome un color transparente, agrega el jitomate, salpimienta y deja cocinar a fuego bajo. Mientras tanto, pela los camarones y pártelos en cuadros chicos.
3. Para este entonces, el jitomate y cebolla deberán estar largando un rico aroma y el color del jitomate debe estar rojo oscuro, pruébalo, si sientes que ya está suave, agrégale el camarón, remueve con cuidado y deja cocinar otros minutos más. Vuelve a probar y rectifica la sal y pimienta.
4. Cuando el camarón este cocinado, sin que se reseque el guiso (tendrá agua del jitomate y cebolla), entonces apágalo y déjalo enfriar.
5. Rellena los chiles con el guiso de camarón, previamente preparados como se indica en los chiles con elote.

MONTAJE

1. Coloca los chiles rellenos en un platón y refrigéralos.
2. Al momento de consumir, viérteles un poco de aceite de oliva.

TIPS

El secreto está en quitarle las semillas al jitomate, para eliminarle la acidez y en no dejar resecar el guiso. El sabor de los chiles está cuando se pasan por el aceite. Sigue la receta mencionada.

Chiles rellenos en frío de elote

Esta manera de hacer chiles me transporta a la infancia, a las tardes cálidas de primavera, cuando los árboles de antaño estaban en flor. Laura Parra, amiga de mi madre, expresó: –¡Uy, los chiles rellenos en frío eran muy ricos–. Esta es la manera más tradicional que encontré.

INGREDIENTES

Chiles

- ¾ taza / 180 ml de aceite de oliva
- 1 cucharada / 15 ml de vinagre de manzana
- ½ cucharadita / 2 g de sal
- ½ cucharadita de orégano
- 6 chiles poblanos de buen tamaño (ver cómo limpiar los chiles en la página 66)

Relleno de elote

- 3 elotes o 3 tazas / 480 g de granos de elote
- ⅔ taza / 160 ml de crema
- 1 taza / 140 g de queso fresco
- ½ cucharadita / 4 g de sal
- 10 vueltas de molino de pimienta
- 3 cucharaditas / 15 ml de aceite de manzana

PROCEDIMIENTO

Relleno de elote

1. Hierve los elotes en suficiente agua con un poco de sal. Cuando estén tiernos, sácalos del agua y rebánalos. Deben estar tibios o a temperatura ambiente antes de hacer la mezcla.
2. En un tazón grande, mezcla la crema, 2½ tazas de granos de elote, queso fresco desmoronado o rallado, sal, pimienta y el vinagre de manzana (agrégalo poco a poco mientras vas probando).
3. Rellena cada chile con esta preparación.

Chiles

1. En una sartén amplia vierte el aceite, vinagre, sal y orégano, llévalo a fuego bajo. Cuando veas que el aceite empieza a calentar introduce los chiles limpios y sin rellenar, esta cocción breve hará la diferencia en sabor.
2. Retíralos después de 5 a 8 minutos, resérvalos y elimina el exceso de grasa.

MONTAJE

1. Coloca los chiles ya rellenos en un platón bonito, ponles un poco de la mezcla de crema y elote encima, y espolvoréalos con el resto de los granos de elote.
2. Se pueden comer recién hechos a temperatura ambiente o refrigerados.

TIPS

Para que te queden bonitos, debes ser cuidadoso cuando los quemes y los limpies, cuida que no se rompan. Si los vas a refrigerar, tápalos con plástico para que no absorban otros aromas y no se resequen.

Coachala

La señora Ramona Valdivia, conocida como Moni, originaria de Santa María del Oro, parece ser guardiana de la comida tradicional de este lugar. Cuando llegué a la plaza del pueblo y pregunté por la comida típica, acto seguido me dijeron que fuera con la señora Moni. La señora Cecilia, madre de Moni, en el año 1957, le preguntó a la señora Juanita de Arellano, originaria de algún lugar de Jalisco, la receta de la coachala. Finalmente cuentan que en su lugar de origen este guiso ya desapareció y en Santa María llegó para quedarse. Como la señora Cecilia hacía comida para vender la popularizó y ahora la coachala está en las cartas de los restaurantes de la región, y en las tiendas de la esquina la venden en recipientes de medio litro. La señora Moni, a pesar de sus pies cansados, me enseñó este y otros platillos que aparecen a lo largo del libro.

INGREDIENTES

Carne
- 6 ℓ de agua
- 400 g de pierna de cerdo
- 500 g de pechuga de pollo
- 2 piezas / 6 g de ajo
- 1 cucharadita / 4 g de sal

Salsa
- ½ taza / 100 g de arroz
- 4 piezas / 160 g de tomate verde
- 1 pieza chica / 11 g de chilacate
- 1 pieza mediana / 12 g de chile guajillo
- 7 piezas / 6 g de chile cola de rata
- 2 piezas / 6 g de ajo
- 2 cucharadas / 30 ml de aceite

PROCEDIMIENTO

Carne
1. Hierve en el agua la carne de cerdo, pollo, ajo y sal. Es mucha agua porque se va a necesitar para remojar el arroz y aligerar el caldo.
2. Esta cocción tardará aproximadamente 40 minutos hasta que las carnes estén muy blanditas. Cuando estén listas retíralas del agua, espera a que enfríen un poco y deshébralas.

Salsa
1. Remoja el arroz en una taza de caldo de pollo y cerdo. Hierve en ¾ de taza de agua de cocción los tomates verdes en una olla tapada.
2. En un comal tuesta, sin aceite, el chilacate, el chile guajillo y el chile cola de rata, cuida que no se quemen.
3. Cuando los jitomates estén cocidos y los chiles tostados, ponlos en la licuadora junto con el arroz remojado, el ajo en crudo y 3¼ tazas de agua de cocción. Licua muy bien.
4. En una olla mediana calienta las dos cucharadas de aceite y vierte ahí la salsa pasando por un colador de malla media. Mueve constantemente para que no se pegue y no forme grumos conforme espesa. Prueba y agrega sal si le falta. Espesar después de 15 minutos, en ese momento agrega la carne de res y cerdo deshebradas.
5. Deja hervir 15 minutos más antes de servir.

MONTAJE
1. Tradicionalmente se sirve sobre tostadas raspadas, en tacos o acompañada de arroz blanco.

TIP
Este es un guiso que originalmente es muy picoso, pero como siempre, pueden reducir el picor quitándole chiles cola de rata.

Enchiladas como en la capital

Las enchiladas que se comen en Tepic, son muy distintas a la de la sierra. Esta es la receta como recuerdo las hacía mi mamá.

INGREDIENTES

- 18 tortillas raspadas
- 1 receta de recaudo para enchiladas (ver página 66)
- 600 g de pechuga de pollo (ver cocción del pollo, página 66)
- 1 taza de aceite
- 1 cebolla morada (partir por mitad y luego a lo largo finamente)
- 8 limones
- 1 pizca de sal
- 1 vuelta de molino de pimienta
- 2 pepinos chicos en rodajas delgadas
- 5 chiles jalapeños cortados en tiras finas
- 126 g de lechuga romana rebanada finamente
- 18 rodajas de zanahoria curtida en tiras finas
- 1 receta de salsa para tostadas, tacos, gorditas y sopes (ver página 69)
- 100 g de queso de adobera o seco

PREPARACIÓN

1. Las tortillas raspadas son a las que se les raspa la cara delgada de la tortilla y se deshidratan asoleándolas: son más resistentes. Si no las consiguen en su localidad, las pueden hacer de tortilla normal.
2. Para que se puedan elaborar rápidamente estas enchiladas, se debe tener todo listo antes de comenzar a elaborarlas. La cebolla se debe curtir en el jugo de 2 limones, poca sal y pimienta. El pollo cocido y deshebrado.
3. Una vez reunidos los ingredientes, coloca el aceite en una plancha con poca profundidad a calentar. Sumerge cada tortilla en el recaudo de chilacate y pásalas por el aceite sin que queden duras, ponlas en un plato plano donde las vas a armar. En medio rellena con pollo deshebrado y enróllalas.

MONTAJE

1. En cada plato sirve tres de estas tortillas rellenas, encima de las enchiladas coloca lechuga, rajitas de chile jalapeño, zanahoria curtida, pepino, cebolla curtida con limón, salsea con la salsa tibia para tostadas y encima espolvorea queso.

TIP

Si no comes carne, las puedes rellenar de queso seco.

Espinazo con verdolagas

El sabor de esta salsa evoca a las madres de muchos. Para los que no comen carne, es una excelente manera de comer verdolagas. Esta receta me la recordó doña Flora, una mujer incansable, que trabajó con mi mamá en la cocina y está para chuparse los dedos y el huesito del espinazo.

INGREDIENTES

- 1 kg de espinazo
- 2 piezas / 6 g de ajo
- 4½ tazas / 1.080 ℓ de agua
- ½ cucharadita / 2 g de sal
- 850 g de verdolagas sin limpiar (370 g limpias)

Salsa
- 5 piezas / 610 g de jitomate guaje
- 3 piezas chicas / 36 g de chilacate
- 5 tazas de agua
- 50 g de masa de maíz
- 1 cucharadita / 4 g de sal
- 4 vueltas de molino de pimienta
- 2 piezas / 6 g de ajo
- ¾ piezas / 85 g de cebolla
- 1 cucharada / 15 ml de aceite

PREPARACIÓN

1. Lava y hierve el espinazo con el ajo, agua y sal durante 40 minutos aproximadamente. Limpia las verdolagas, deja solamente las hojas y tallos chicos tiernos, lávalas para quitarles la tierra.
2. En una olla aparte, cuece los jitomates y el chilacate en 5 tazas de agua. Cuando hayan hervido los tomates, cambien de color y el chilacate se haya hidratado (quítale el rabo y desvénalo); espera a que se enfríen y lícualos en 4 tazas de agua de cocción (a temperatura ambiente) junto con los jitomates, chilacate, masa de maíz, sal, pimienta, ajo y cebolla en crudo.
3. Calienta una olla y vierte la cucharada de aceite; cuando se haya calentado, vierte ahí la salsa, pero pásala por una coladera de malla mediana. Deja hervir mínimo 10 minutos para que espese y tome sabor, rectifica la sal. Mueve constantemente para que no se pegue. Entonces cuando el color se vuelva más oscuro y desprenda una aroma exquisito agrega las verdolagas, déjalas hervir unos 5 minutos más, ya sé que parece un mundo de verdolaga, pero reducen muchísimo.
4. Revisa el espinazo que para este entonces ya deberá estar listo. Cuando esté blandito agrega el espinazo a la salsa con las verdolagas y déjalo hervir mínimo diez minutos.

MONTAJE

1. Sirve dos espinazos por persona y salsea cada porción con suficientes verdolagas. Se acompaña con arroz blanco.

TIPS

Este tipo de guisos requiere de tiempo de cocción, no son difíciles pero sí requieren de tiempo. Entre más hiervan juntos el espinazo, la salsa y verdolagas el sabor final será mejor. La maravilla de este tipo de preparaciones es que se pueden congelar.

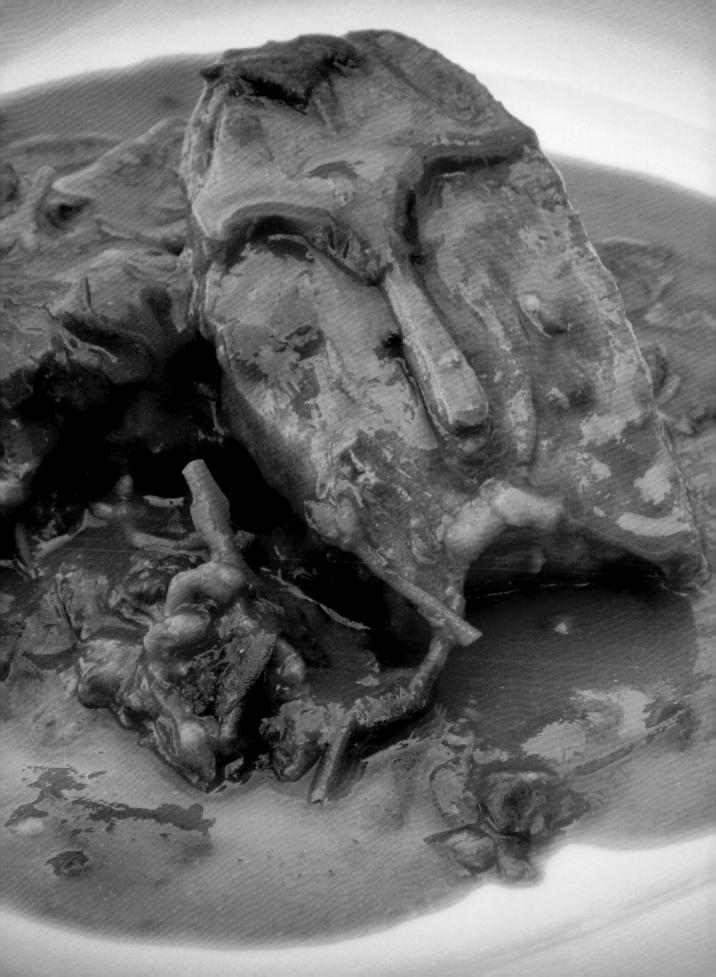

Guiso navideño de camarón seco

Este guiso de camarón seco se prepara como si fuera bacalao, lo probé en casa de doña Marta González. Es delicioso y puede ser una gran opción en las fiestas navideñas.

INGREDIENTES
- 2 piezas / 380 g de papa
- 6 ℓ de agua
- 16 piezas / 1.900 kg de jitomate (para partir)
- 6 piezas / 670 g de jitomate (para licuar)
- 680 g camarón seco (con cabeza)
- 6.5 piezas / 790 g de cebolla
- 3 piezas / 21 g de chile serrano
- 3 piezas / 9 g de ajo
- 56 g de perejil (hojas y tallos delgados)
- 6 piezas / 33 g de chile largo güero en conserva
- ½ taza / 75 g de aceitunas con hueso
- 2 cucharadas / 20 g de alcaparras
- ⅔ taza / 160 ml de aceite de oliva
- ¼ taza / 60 g de pimiento rojo de lata partidos en tiras

PROCEDIMIENTO
1. Durante los días navideños, cuando la familia se reúne, una buena forma de convivir es crear los platillos de la cena juntos. Este es un guiso que en especial requiere de un tiempo de cocción lento para que libere todo su sabor. Sugiero que tomen una botella de vino mientras preparan la comida y disfruten. Aclaro: no es complicado, es sólo que necesita fuego lento.
2. Vamos a iniciar por poner a hervir la papa en una olla grande con 6 litros de agua.
3. Lava los jitomates y hazles una cruz en la punta con el cuchillo de manera separada. Los jitomates tendrán el mismo proceso de quitarles la piel, pero recuerda que unos se van a partir y otros a licuar.
4. Cuando empiece a hervir el agua donde está la papa, incorpora los jitomates en 3 partes para que sea menos producto y pronto se les desprenda la piel. Cuando veas que de la punta donde realizaste los cortes la piel se separa, es el momento para sacarlos y colocarlos sobre un colador. Déjalos enfriar un poco y desprende la piel. Los que son para

partir, córtalos, sobre una tabla que contenga el líquido, en cuadros de 1 × 1 centímetros y resérvalos junto con su jugo. Al resto, quítales la piel y lícualos sin sal, ni agua de cocción. Cuando la papa esté cocida pero firme, quítale la piel, pártela en cubos de 2 centímetros y resérvala.
5. Quítale la cabeza al camarón seco y tuéstalo, sin aceite, sobre una sartén, recuerda que sea chico, muévelo constantemente para que no se queme. Cuando tome un color dorado ligero, tritúralo en la licuadora por tandas o en una procesadora, no debe quedar hecho polvo, sino martajado.
6. Corta la cebolla, chile serrano, ajo en cuadros chicos y pica las hojas del perejil finamente. En una olla de barro tamaño medio vierte el aceite de oliva, deja que se caliente un poco y agrega la cebolla, chile verde, ajo y perejil, esto debe ser a fuego lento para que tome sabor, la cebolla debe tomar un color transparente. Mueve con frecuencia para que no se queme, deben pasar de 15 a 20 minutos antes de incorporar el jitomate.
7. Cuando el sofrito de la cebolla, ajo, chile y perejil suelte su aroma y veas que todo cambió de color incorpora el jitomate partido y déjalo sofreír 20 minutos más, agrega 1 cucharadita de sal. Mueve de vez en cuando. Cuando todo haya tomado sabor y el jitomate cambie a un color oscuro intenso, agrega el camarón seco triturado, el jitomate licuado y deja otros 40 minutos a fuego lento, mueve desde el fondo de la cazuela para evitar que se pegue e incorpora las alcaparras, aceitunas, chiles largos, papa, pimiento rojo y déjalo otros 40 minutos más a fuego muy bajo.
8. Como habrás notado, no se le agrega mucha sal porque el camarón seco es salado, pero para este momento ya habrá soltado la sal y si necesita más agrégale hasta que quede justo.

TIPS
Puedes colocar una parrilla sobre la parrilla donde estás cocinando para que se eleve la altura.

El único tip fundamental es tiempo, tiempo, fuego bajo, disfrute y paciencia: el resultado es maravilloso.

Lengua en salsa verde

Cuando preguntas en Amatlán de Cañas, –¿cuál es la comida típica?–, te responderán, –¡pues carne con chile y chile con carne!– La lengua de res no se escapa. Esta es una deliciosa receta y si tienes la paciencia de hervir la lengua, degustarán un manjar de estas tierras.

INGREDIENTES
- 800 g de lengua de res
- 8 litros de agua
- 1 cucharada / 8 g de sal

Salsa
- 3 tazas / 720 ml agua
- 10 piezas / 400 g de tomate serrano
- ¼ pieza / 30 g de cebolla
- 1 pieza / 3 g de ajo
- 4 piezas / 28 g de chile verde
- 10 g de cilantro (hojas y tallos delgados)
- Sal al gusto

PREPARACIÓN
1. En una olla grande vierte los 8 litros de agua, la lengua y la cucharada de sal, tápala y ponla a hervir. Pasadas 2 horas, revísala y si la piel que la recubre ya se desprende un poco, sácala del agua y con la ayuda de un trapo de cocina sólo tienes que jalar la piel del resto de la carne. De lo contrario deja que siga hirviendo.
2. Una vez que pudiste desprender la piel, debes ponerla a hervir otra hora más o hasta que esté muy blandita, sabrás porque al insertar un cuchillo pequeño no pondrá resistencia. Retírala del agua y pártela en rodajas.
3. Aparte haz la salsa: debes poner a hervir en 3 tazas de agua los chiles, tomates, cebolla y ajo. Pasados 15 minutos o cuando cambien de color, los puedes licuar agregándoles el cilantro, con 1 taza de agua de cocción y sal al gusto.
4. Vierte esta salsa en una olla y déjala hervir. Ve retirando la espuma que se forma, prueba la sal y cuando la salsa cambie de color, agrégale la lengua ya rebanada, deja hervir unos 10 minutos antes de servir.

MONTAJE
1. Sirve de 3 a 4 rebanadas de lengua, salsea, decora con hojas de cilantro y acompáñala de frijoles de la olla.

TIPS
La lengua es bastante dura, así que te recomiendo que la pongas a hervir desde temprano o un día antes de que tengas planeado comer la lengua o sólo hazla 4 horas antes de que sea la hora de la comida. No es difícil, sólo que la lengua toma mucho tiempo para cocerse o con la ayuda de una olla de presión reducirás considerablemente este tiempo. Si te sobra, la puedes congelar, sólo recuerda ponerle fecha y nombre al recipiente o bolsa donde la vas a congelar.

Lomo relleno

Se podría decir que es un falso lomo, porque en realidad es una mezcla de carne molida que se rellena y enrolla. Este platillo era común para las bodas en Jala, la señora Lucinda tuvo la generosidad de enseñarme a hacerlo. Es muy rico, háganlo parte de su menú, no sólo para las bodas.

INGREDIENTES

Preparación de la carne
- 470 g de carne de res molida
- 470 g de carne de cerdo molida
- 1 huevo
- 2 cucharadita / 8 g de sal
- ⅛ taza / 20 g de pan molido
- Relleno
- ¾ pieza mediana / 80 g de zanahoria
- 1 pieza chica / 120 g de papa
- 2 piezas / 24 g de chile jalapeño
- ½ taza / 70 g de pasas
- ½ taza / 70 g de almendra
- 1 huevo cocido picado

Salsa
- 3 piezas medianas / 17 g de chile guajillo
- 3 piezas chicas / 27 g de chilacate
- 1 cucharada / 8 g de sal
- 2 piezas / 6 g de ajo
- 3 piezas de clavo
- ¼ cucharadita copeteada de comino
- 14 pimientas enteras
- 3½ tazas de agua de cocción de los chiles
- 60 g de masa de maíz

PROCEDIMIENTO

1. Inicia por mezclar todos los ingredientes de la carne y amásalos para que se integren muy bien. Métetelos al refrigerador y reserva.
2. Hierve los chiles en 4 tazas de agua hasta que cambien de color, se hidraten y queden suaves. Haz una pasta con los ajos, sal, clavo, comino y pimienta con la ayuda del molcajete o un mortero. Quítale el rabo y las semillas a los chiles, lícualos con la masa, la pasta del ajo y especias en 3 tazas de agua de cocción. Vierte esta salsa a una olla a fuego bajo y mueve con frecuencia para que no se pegue, ni se hagan grumos al ir espesando.
3. Parte la zanahoria, papa en crudo y chile jalapeño en tiras delgadas.
4. Las pasas, almendras y el huevo cocido van partidos en cuadros chicos.
5. Para armar los lomos, extiende un cuadrado de rollo de plástico sobre la mesa, toma porciones de carne de 70 g aproximadamente y haz un círculo de 10 cm de diámetro y 5 mm de espesor.
6. En medio pon las julianas de zanahoria, papa, chile jalapeño, almendras, pasas y huevo cocido.
7. Con la ayuda del plástico enróllalas y cierra las puntas. Dóralas en una sartén con poco aceite de todos los lados y después pásalas a la salsa.

MONTAJE

1. Sirve dos lomos por persona, parte uno de manera transversal y recarga cada mitad sobre el lomo entero, salsea y sirve.

TIPS

Para que se pueda sostener el lomo, parte los extremos para crear una base firme. Acompáñalos de arroz blanco.

Pierna enchilada

Cuando le pregunté a Laura Parra por los platillos típicos de Tepic me contó la siguiente anécdota: –Mi papá, Ramón Parra, descubrió la playa de los cocos y vino a Tepic para contarle a sus amigos, entre los que estaba tu papá, Raúl Maldonado. Entonces nos íbamos varias familias en Semana Santa a esta playa que era virgen, no había camino y tenían que ir macheteando. Nos íbamos en camiones y las mamás cargaban con la estufa, cilindros de gas, jabas de comida. Tu mamá se encargaba de llevar la pierna enchilada, llevaba una o dos piernas enteras–. Esta pierna también es característica de la época decembrina. El día de su elaboración se suele comer en rebanadas con su salsa acompañada de arroz o una pasta, al día siguiente en las ricas tortas de pierna, con bolillo de Tepic bien crujiente. Es la famosa de receta de mi madre, doña Rebeca de Maldonado.

INGREDIENTES

- 1.300 kg de pierna de cerdo (reduce mucho)

Marinada

- 30 g de jamón de pierna
- 2 cucharadas / 66 g de mostaza
- 1 cucharadita copeteada / 5 g de sal
- 5 vueltas de molino de pimienta

Salsa

- 3 tazas / 720 ml de agua
- 2 piezas chicas / 9 g de chile guajillo
- 2 piezas medianas / 25 g de chilacate
- ½ pieza / 60 g de cebolla
- 2 piezas / 6 g de ajo
- 1 cucharada / 8 g de sal
- ¼ taza / 60 ml de vinagre de caña

PROCEDIMIENTO

1. Hierve en el agua los chiles, cebolla y ajo. Mientras hierven, corta el jamón de pierna en cuadros de 3 por 3 centímetros y hazlos rollito.

2. Abre incisiones a la pierna con un cuchillo y en cada incisión introduce un rollo de jamón. Puedes bridar (atar) la pierna con hilaza para que no pierda su forma.

3. Mezcla la mostaza, sal y pimienta, unta toda la pierna de esta marinada con una brocha de cocina.

4. Coloca la pierna en un molde refractario de bordes altos, para verter la salsa y hornear ahí.

5. Cuando se hayan hervido los chiles e hidratado (desvénalos), ponlos en la licuadora con la cebolla, el ajo (en crudo), la sal y 2 tazas de agua de cocción de los chiles. Una vez licuado todo, pruébalo de sal, debe quedar justo, entonces agrégale el vinagre y vierte esta preparación a la pierna, tápala con papel aluminio. Déjala reposar toda una noche.

6. Al día siguiente, si utilizaste un refractario de vidrio, sácala 10 minutos antes de hornearla para evitar que se rompa, de lo contrario, directo del refrigerador métela a hornear a 180°C durante 1 hora.

MONTAJE

1. Corta en rebanadas la pierna, sirve de 2 a 3 porciones en cada plato, báñala con su salsa, acompáñala de arroz blanco y bolillos calientes. Otra forma muy típica es rellenar bolillos con esta pierna, a lo que llamamos tortas de pierna.

TIPS

El resultado final es mejor cuando dejas macerar la pierna toda un día en el refrigerador, se impregna muy bien de la salsa, pero con que la dejes al menos una hora lograrás un buen sabor. Aunque mi madre decía: "A las rápidas les tengo miedo, la pierna se debe dejar macerando toda una noche", elige tú. Se puede congelar ya preparada. Aunque como ya mencioné, al día siguiente puedes desayunar o comer unas tortas de pierna.

Pollo almendrado

Al preguntar en varias familias sobre la comida tradicional, el almendrado salía a flote con mucho cariño. Es una de las preparaciones que las nuevas generaciones han dejado de hacer, tal vez se piensa que es complicado, pero no es así. Tradicionalmente se puede utilizar con pollo o lengua de res, ambas son deliciosas. Doña Flora, cocinera de mi madre y hermana, lo preparó durante años y esta es su versión, mi madre aconsejaría fuego lento y tiempo de cocción.

INGREDIENTES

- 3 cucharadas / 45 ml aceite
- ¾ taza /100 g de almendra entera
- 2 piezas / 16 g de chile guajillo
- 2 ¼ piezas / 274 g de jitomate guaje
- ½ pieza / 60 g cebolla
- 1 diente / 3 g de ajo
- 2 centímetros por medio de ancho / 1 g de canela en raja
- ½ pieza / 50 g de bolillo o baguette tradicional
- 3 tazas / 720 ml caldo de pollo (ver página 66)
- 6 piezas de pollo de su preferencia (para la cocción del pollo ver página 66)
- Sal al gusto

PROCEDIMIENTO

1. Vas a necesitar una sartén de borde alto y amplia, caliéntala un poco antes de verter la mitad del aceite, esto es para que el aceite no se queme.
2. Primero dora las almendras, cuida que no se quemen, sólo dóralas y resérvalas en un plato.
3. Dora en la sartén, donde doraste las almendras, el chile guajillo entero, jitomate, ajo, cebolla, canela y el bolillo; utiliza el resto del aceite. Ve cuidando las piezas más pequeñas como el ajo, la cebolla.
4. Cuida el chile pues si se quema producirá un resultado amargo. Lo que se vaya dorando, resérvalo junto con las almendras.
5. Cuando todo esté listo, quítale las semillas al chile y al jitomate la piel antes de licuar, pon todo en la licuadora con caldo de pollo por tandas pequeñas, licua todo muy bien.
6. Entonces, toma una olla profunda o sartén alta, calienta una cucharada de aceite y vierte ahí la molienda.
7. Utiliza las 3 tazas de pollo, al principio quedará muy líquido, pero no te preocupes, se espesará conforme se cocine, agrega sal poco a poco hasta que quede a tu gusto. Debes mover constantemente para evitar que se pegue, deja hervir mínimo 30 minutos para que todos los sabores se impregnen.
8. Cuando espese la salsa, agrega las piezas de pollo ya cocidas.

MONTAJE

1. En cada plato sirve la pieza de pollo y baña con el almendrado, tradicionalmente se acompaña con arroz blanco, se puede acompañar con tortillas o bolillo.

TIPS

Cuida muy bien el dorado de los ingredientes, si se queman otorgarán un sabor amargo. Si lo quieres muy bajo en grasa, tuesta en lugar de dorar. Si eres vegetariano, en la sierra, los pueblos originarios asan nopales y los bañan con los diferentes moles, puedes hacer lo mismo con otras verduras, el hongo portobello quedaría muy bien.

Pollo relleno de navidad

Desde que tengo memoria, en Navidad se comía pavo con un relleno que es de chupete. Si había invitados, todos elogiaban el pavo, esto me dio pie a pensar que la manera de hacer pavo en mi casa era especial. Hasta que llegué con Laura Parra, amiga de mi madre. Entre todos sus relatos llegamos al relleno de los pollos, cuando me lo empezó a describir me di cuenta que ¡era exactamente igual al que hacían en casa! y cuando lo hice para las pruebas, mis comensales recordaron las navidades de sus casas. Concluyo que es una receta muy del Tepic antiguo, después mi hermana mayor me aclaró que antes no se rellenaban pavos, sino pollos. Disfrútenlo.

INGREDIENTES
- 1 pollo entero

Marinada
- 1 taza / 240 ml de vino blanco seco
- 2 cucharadas / 66 g de mostaza
- 5 vueltas de molino de pimienta
- 1 cucharadita copeteada / 5 g de sal

Relleno
- 1 pieza mediana /190 g de papa
- 3 piezas medianas / 247 g de zanahoria
- 1 pieza chica / 140 g de calabaza
- ¼ taza / 70 g de ciruela pasa
- ½ taza / 70 g de almendra pelada
- ½ pieza / 12 g de chile jalapeño
- ¼ taza / 60 ml de aceite de oliva
- 2¾ piezas medianas / 340 g de cebolla
- 300 g de carne de res molida
- 300 g de carne de cerdo molida
- ½ lata / 80 g de jamón del diablo
- 2 cucharaditas / 10 ml de caldo de chile jalapeño curtido
- ⅓ taza / 60 g de pasas
- ¼ taza / 54 g de aceituna sin hueso
- 2 cucharaditas / 13 g de alcaparra
- 1 cucharada / 8 g de sal
- 10 vueltas de molino de pimienta

PREPARACIÓN

Pollo
1. El secreto para lograr pollos o pavos bien jugosos es este primer paso. Se debe inyectar con el vino blanco de todos lados, es muy visible cuando se empieza a hinchar por el líquido y sabrás que está listo cuando empieces a inyectar de un lado y el líquido sale por otro, eso es buena señal y puedes dejar de inyectarlo.
2. Mezcla la mostaza, sal y pimienta muy bien y con la ayuda de una brocha pinta todo el pavo.
3. Ponlo en un molde refractario, tápalo y de preferencia déjalo reposar toda una noche.

Relleno
1. Para el relleno, debes partir la calabaza, zanahoria y papa en cuadros de medio centímetro y hervir la verdura. Puedes utilizar la misma agua pero cuece las verduras por separado porque su tiempo de cocción es diferente. Deben quedar suaves pero firmes a la vez porque terminarán su cocción en el guiso.
2. Parte las ciruelas pasas, almendras en cuadros finos y los chiles jalapeños en cuadros muy finos.
3. Corta la cebolla en cuadros muy chicos, calienta una sartén amplia con el aceite y dora ligeramente la cebolla. Cuando ésta tome color agrega la carne molida, salpimienta ligeramente, mueve la carne para que se dore parejo.
4. Cuando la carne ya tenga un color dorado ligero agrégale el jamón del diablo, cuando se incorpore agrega el chile jalapeño, la verdura, el caldo del chile jalapeño, junto con las pasas, almendra, ciruela pasa, alcaparras, aceitunas y termina de salpimentar, prueba, tapa y deja cocinar a fuego bajo 10 minutos. Enfríalo antes de rellenar.

MONTAJE

1. Coloca el pollo en una pavera u olla de barro o lo que tengas a mano donde quepa el pollo entero, de preferencia que tenga una rejilla para poner ahí el pavo y que el jugo baje.

2. Brida el pollo, es decir, con una hilaza ata las patas del pollo —esto es pura presentación—, rellena la cavidad del pollo y el resto de la carne ponla alrededor del pollo.

3. Tapa y hornea a 180°C durante hora y media, o hasta que esté listo el pollo. Una prueba es clavar un cuchillo en la pechuga y cuando salga un líquido transparente y esté suave es que ya está listo.

TIPS

Si deseas rellenar un pavo, sigue las instrucciones, pero dobla la cantidad de relleno. Te sugiero que dejes macerar dentro del refrigerador el pollo o pavo todo un día con el vino y la mostaza para obtener una carne muy jugosa.

Pozole de camarón

Desde hace algún tiempo, el pozole adoptó otro ingrediente: el camarón. No era de extrañarse pues en Nayarit el camarón abunda. Continúa con la tradición de ser rojo por el chilacate, con granos de maíz y caldoso. Es delicioso.

INGREDIENTES

Nixtamal de pozole
- 500 g de maíz (de preferencia criollo de colores, tiene un sabor especial)
- 5 ℓ de agua
- 1 cucharada más ½ cucharadita / 7 g de cal

Para reventar el grano
- 600 g de camarón fresco mediano
- 50 g de camarón seco sin cabeza
- 2 cucharadas / 30 ml de aceite
- 5 ℓ de agua para caldo
- ½ cucharadita / 2 g de sal
- 3 piezas / 2 g de chile cola de rata
- 50 g de chile guajillo
- 500 g de jitomate guaje
- 1.450 kg de maíz cocido y lavado
- 2 cucharaditas ligeramente copeteadas de orégano
- 1 cucharada/ 8 g de sal

Para acompañar
- 2 / 280 g de pepinos
- 4 / 140 g de rábanos
- 1 / 120 g de cebolla
- ¼ de lechuga romana
- 6 piezas de limón
- Orégano
- Chile cola de rata triturado
- Tostadas de tu preferencia

PREPARACIÓN

1. Para que el pozole te quede muy bueno, primero debes hervir durante una hora y media aproximadamente el maíz con la cal y el agua, según las cantidades para el nixtamal.

2. Mientras que se hace el nixtamal tuesta ligeramente los camarones secos, limpia los camarones frescos, reserva las cabezas y corazas de camarón fresco, guarda el camarón en el refrigerador.

3. Toma una olla suficientemente grande, vierte ahí el aceite, cuando esté bien caliente el aceite y la olla, vierte de golpe todas las corazas del camarón y las cabezas, presiona firmemente contra la olla cuando se tornen color rojo dorado, vierte ahí los 5 ℓ de agua y deja hervir durante 20 minutos con ½ cuacharadita de sal, el chile cola de rata, el chile guajillo y el jitomate. Cuela este caldo, rescata los chiles y el jitomate, aplana muy bien las corazas contra el colador.

4. Licua muy bien en este caldo los chiles, jitomates y camarón seco sin cabeza.

5. Vierte esto a una olla grande colándolo en colador de malla grande.

6. Cuando sientas al grano ya suave y que se desprende el hollejo fácilmente, viértelo a una coladera grande para eliminarle la cal y restregarlo para quitarle el hollejo (piel).

7. Cuando veas que el hollejo ya se desprendió vuelve a ponerlo a hervir en el caldo del camarón anterior durante casi 4 horas o hasta que reviente, pero rectifica la sal.

8. Cuando haya reventado, dale el toque final agregando el orégano, moliéndolo entre tus manos. Deja hervir durante 30 minutos más. Todo el tiempo ve probando y ajusta el sabor a tu sazón.

9. Cuando estés a punto de servir el pozole vierte los camarones frescos pelado y déjalos hervir 5 minutos o cuando cambien de color los puedes servir.

Para acompañar

1. Rebana los pepinos y rábanos finamente, parte la cebolla en cuadros muy chicos, los limones en rebanadas a lo largo y la lechuga finamente a lo largo.

MONTAJE

1. Coloca en medio de la mesa en platos individualmente los pepinos, cebolla, lechuga, limones y rábanos, así como un tazón chico con orégano, chile cola de rata y sal.

2. En un canasto sirve las tostadas.

3. El pozole se sirve en platos hondos, con grano, caldo y camarones. Cada quien le pone pepino, rábano, cebolla, lechuga, chile y jugo de limón a su gusto.

TIPS

El único tip es el tiempo de cocción, que es largo, si lo hacen en un par de horas comprando grano ya reventado, les quedará; hasta ahí, pero no rico.

Pozole de cerdo y pollo

El estilo de hacer pozole en Nayarit es rojo por el chilacate, con granos de maíz, caldoso, con carne de cerdo y últimamente con pollo, por eso de la dieta. Gloria Rodríguez González me enseñó esta receta, que es muy rica. El secreto del buen pozole, como todos los caldos, es el tiempo.

INGREDIENTES

Nixtamal de pozole
- 500 g de maíz (con maíz criollo de colores, queda delicioso)
- 5 ℓ de agua
- 1 cucharada + ½ cucharadita / 7 g de cal

Para reventar el grano
- 1.450 kg de maíz cocido y lavado
- ½ cabeza de ajo
- 4.5 ℓ de agua

Carne
- 300 g de carne de pierna de cerdo
- 300 g de lomo
- 300 g de espinazo
- 1 cucharada / 8 g de sal

Para hacer la salsa
- 50 g de chile guajillo
- 500 g de jitomate guaje
- 2 cucharadas / 16 g de sal
- 2 cucharaditas ligeramente copeteadas de orégano

Para acompañar
- 2 / 280 g de pepinos
- 1 / 120 g de cebolla
- 4 / 140 g de rábanos
- ¼ de lechuga romana
- Orégano
- 6 piezas de limón
- Tostadas de tu preferencia

PREPARACIÓN

1. Para que el pozole te quede muy bueno primero debes hervir el maíz durante una hora y media aproximadamente con la cal y el agua, según las cantidades para el nixtamal. Cuando sientas al grano ya suave y que se desprende el hollejo fácilmente, viértelo a una coladera grande para eliminarle la cal y restregarlo para quitarle el hollejo.
2. Cuando veas que el hollejo ya se soltó vuelve a ponerlo a hervir con 4.5 ℓ de agua y ½ cabeza de ajo para reventarlo. Debe hervir entre 4 y 5 horas.
3. Cuando reviente el grano y esté muy suave, agrégale la carne, sal y deja que siga hirviendo, tomará otra hora u hora y media hasta que ablande la carne.
4. Pasada la hora empieza a tostar los chiles guajillos sin nada de aceite, cuida que no se quemen y ponlos a hervir en la olla con los granos dentro de un colador para que no se pierdan.
5. Cuando la carne esté suave, retírala de la olla, se desgaja en partes grandes de manera separada y se reserva. Luego, en el comal empieza a asar los jitomates, deben quedar asados parejo, así que velos volteando en cuanto se asen de un lado.
6. Desvena los chiles guajillos (quítales rabo y semillas) y licúalos con el jitomate asado, la mitad de sal.
7. Vierte esta salsa a la olla del pozole colándola, prueba de sal, agrégale la restante o ya no, dependiendo el sabor, pero es importante que quede justa de sal. Luego agrega el orégano moliendo entre tus manos, deja hervir durante 1 hora más. Todo el tiempo ve probando y ajusta el sabor a tu sazón.

Para acompañar
1. Rebana los pepinos y rábanos finamente, parte la cebolla en cuadros muy chicos, los limones en rebanadas a lo largo y la lechuga finamente.

MONTAJE

1. Coloca en medio de la mesa en platos individualmente los pepinos, cebolla, lechuga, limones y rábanos, así como un tazón chico con orégano, sal y un canasto con tostadas.
2. El pozole se sirve en platos hondos con grano, caldo y se suele preguntar que pieza de carne prefieren.

TIPS

El único tip es el tiempo de cocción, que es largo; si lo hacen en un par de horas comprando grano ya reventado, les quedará; hasta ahí, pero no rico.

Sopa de bodas

También se conoce como sopa de pan y es tradicional de Jala, en ningún otro lugar se elabora. Tiene vestigios de potaje español. Tiene varias preparaciones para luego unirlas en un plato muy especial.

INGREDIENTES

- ½ kg de pechuga de pollo con todo y hueso (300 g de pura carne)
- 4 ℓ de agua

Recaudo
- ⅓ taza de garbanzo (crudo)
- 8 piezas / 976 g de jitomate
- 1 pieza / 120 g de cebolla
- 2 piezas / 6 g de ajo
- 1 cucharadita / 4 g de sal
- 127 g de chorizo
- 2 piezas / 200 g de bolillo
- ¼ taza / 60 ml de aceite
- 5 tortillas oreadas de dos a cuatro días
- 1 huevo duro
- 30 g de perejil (hojas y tallos delgados)
- ½ taza / 100 g de arroz
- 1 cucharada de mantequilla fría

PREPARACIÓN

1. Como mencioné anteriormente, este guiso tiene muchos pasos, pero vale la pena.
2. Primero pon a hidratar la noche anterior los garbanzos en 1½ taza de agua. Al día siguiente, enjuaga los garbanzos, que deberán estar bien hidratados y ponlos a hervir junto con la pechuga de pollo, la cebolla, el ajo y el jitomate para el recaudo y 1 cucharadita de sal. Esto es para que todo vaya tomando sabor.
3. Mientras tanto, calienta una sartén chica y ahí fríe el chorizo, no necesita más aceite, pues el chorizo ya tiene su grasa.
4. Rebana los bolillos y dóralos por ambos lados con un poco de aceite, en la misma sartén donde freíste el chorizo, así tomarán sabor.

5. Dora las tortillas en suficiente aceite caliente.
6. Pon a cocer el huevo 9 minutos después de que suelte el hervor, pélalo y rebánalo. Pica el perejil finamente.
7. Revisa los elementos que están en cocción. Cuando los jitomates, cebolla y ajo ya estén cocidos, retíralos del agua y lícualos en 2½ taza (600 ml) de agua de cocción, sal al gusto y hiérvelos en una olla aparte. Retira la espuma que se forma.
8. Lo segundo que estará será el pollo, retíralo y deshébralo.
9. Toma 1 taza del caldo de cocción, sálalo al gusto, debe tener el punto justo de sal, y cuece el arroz en él. Apaga cuando reviente el arroz y reserva. Finalmente, deberán estar listos los garbanzos, sácalos del agua y reserva. Remoja 2 minutos los bolillos dorados en el caldo de cocción del pollo y garbanzo antes de montar.

MONTAJE Y HORNEADO

1. Engrasa un molde con la mantequilla, de preferencia una olla de barro chica.
2. Coloca las tortillas fritas en el piso de la olla y en los lados, haz una cama del bolillo remojado, encima arroz, garbanzo, chorizo, pollo deshebrado, huevo y perejil picado; repite las capas iniciando de nuevo con bolillo, luego arroz, etcétera y si cabe otra capa, pues una tercera, sino las dos.
3. Para finalizar, baña con el caldo de jitomate y termina con perejil picado.
4. Tapa con papel aluminio y hornea a fuego bajo a 180°C durante 30 minutos o se puede poner en la estufa a fuego muy bajo sobre parrilla doble para elevar la olla.

TIP

No es un platillo que al servir sea agraciado por sí solo, por lo que recomiendo tengas a mano un poco de perejil picado al momento de servir, le dará presentación y buen sabor.

Tortas de camarón seco

Esta es una preparación típica de la costa, del altiplano y Tepic. Así como el resto de México. La gran diferencia radica en la salsa que utilizamos. Se puede acompañar de nopales o prescindir de ellos.

INGREDIENTES

Tortas
- 1 taza copeteada / 70 g de camarón seco chico sin cabeza
- 3 huevos separados (ver huevo punto listón, página 67)
- 1 taza / 240 ml de aceite para freir

Salsa
- ¼ pieza / 30 g de cebolla blanca
- 4½ tazas / 1.080 ℓ de agua
- 2 dientes / 6 g de ajo
- 1½ pieza / 180 g de jitomate guaje
- 2 piezas chicas / 18-20 g de chile guajillo
- 1 cucharada / 15 ml de aceite
- 30 g de masa de maíz
- 1 pizca de orégano seco
- 2 vueltas de molino de pimienta molida
- 2 cucharadas / 16 g de sal

Opcional
- 10 piezas chicas de 13 cm / 400 g de nopales cocidos (ver receta básica de cocción de nopales página 65)

PROCEDIMIENTO

1. Tuesta ligeramente el camarón en una sartén amplia y sin aceite, cuida que no se queme. Tritúralo finamente por tandas, sin que quede hecho polvo y resérvalo.
2. Corta la cebolla finamente en medias lunas, resérvala. Pon a hervir el ajo, jitomate y chile guajillo, en las 4½ tazas de agua. Cuando se hayan cocido, quítales el rabo y las semillas al chile guajillo, lícualo junto con el jitomate, ajo, 3 tazas de agua de cocción y poca sal.
3. Calienta una olla chica y vierte 1 cucharada de aceite, dora ligeramente la cebolla y vacía la salsa de la licuadora.
4. En un molde pequeño diluye la masa en ¼ de taza de agua de cocción y agregársela a la salsa. Sazona con pimienta fresca, la pizca de orégano seco triturado y rectifica la sal, cuida que no quede salada porque las tortitas tienen la sal del camarón. Deja hervir 15 minutos para que se sazone, mientras elaboras las tortitas.
5. Bate las claras y yemas como se indica en la sección de batido de huevo en la página 67, agrega el polvo de camarón e incorpóralo con movimientos envolventes, ya no utilices la batidora.
6. Cuando la mezcla esté incorporada, calienta la taza de aceite y vierte cucharadas soperas de la mezcla del huevo hasta que tomen un ligero color dorado, voltéalas hasta que doren parejo. Cuando estén listas sácalas del aceite y colócalas sobre papel absorbente.
7. Diez minutos antes de servirlas, calienta las tortitas dentro de la salsa unos minutos, si las desea con nopales, incorpóralos ya hervidos junto con las tortitas de camarón.

MONTAJE

1. Sirve las tortitas, nopales y la salsa en un plato hondo.

TIPS

Es muy importante que no se pase el batido del huevo, de lo contrario no podrás unir las yemas ni el camarón y quedarán muy secas al momento de freírlas. Si necesitas más aceite para freír utilízalo. No se recomienda congelarlas, pero tiene una durabilidad óptima de dos días en refrigeración.

Tortitas de verdura

Llegar a casa y oler estas tortitas de verdura era reconfortante. Cuando hice una pequeña encuesta sobre los platillos de la niñez, las personas de mi generación hacia arriba recordaban las tortitas de calabaza, coliflor y de plátano con mucha añoranza. Éstas últimas fueron una sorpresa para mí, sin duda son herencia de los cubanos que trabajaron en los cañaverales, todas son riquísimas. Tienen una preparación similar todas, por lo que pongo la cantidad de verdura que necesitará para elaborar cada una para 6 personas. Normalmente se hacen de una verdura a la vez y no se combinan.

INGREDIENTES

- 2 ℓ de agua
- 1 cucharadita / 4 g de sal
- 450 g de calabaza
- 500 g de coliflor
- 5 piezas de plátano macho sazón
- 120 g de queso fresco
- 2 tazas / 480 ml de aceite para freír
- ½ taza / 60 g de harina o la necesaria
- 6 huevos separados punto listón (ver página 67)
- 1 receta de caldillo para tortitas de verdura (ver página 64)

PREPARACIÓN

1. Hierve el agua con la sal en una olla grande. Cuando suelte el hervor agrega la verdura de tu elección, debe quedar cocida pero firme.
2. Si es coliflor, corta por racimos medianos. Si es calabaza, elige la calabaza de buche de preferencia, cuécela entera. En el caso de los plátanos machos, que estén sazones, no muy maduros. Cuécelos con cáscara.
3. La verdura no debe estar sobre cocida, de lo contrario se desbaratará. Cuando insertes un cuchillo y no ponga resistencia sabrás que está lista.
4. Luego en el caso del plátano y calabaza córtalos en rebanadas de 1 centímetro de grosor y la coliflor en ramilletes chicos, pero siempre conservando una parte gruesa de tallo.
5. Corta el queso fresco en rebanadas muy chicas de 5 g. Comienza a hacer sándwiches ya sea con las rebanadas de plátano o calabaza, una rebanada de verdura, el queso y encima la tapa de verdura. Debes presionar, le saldrá jugo, y con el calor de la verdura, el queso tenderá a pegar las dos tapas de verdura.
6. Haz tus sándwiches de la verdura y en el caso de la coliflor, realiza un corte en el tallo de cada ramillete y ahí coloca el queso, presiona un poco para exprimir la verdura.
7. Vierte en una sartén alta el aceite y ponlo a calentar. Pasa por el harina cada sándwich o cada ramillete de coliflor rellena de queso, para luego pasarlos por el huevo batido y freír, el aceite deberá estar caliente.
8. Para revisar la temperatura puedes verter un poco del huevo batido y si empieza a dorarlo, ya está. Fríe cada sándwich de la verdura y ponlos a escurrir en un plato con papel absorbente.
9. Cuando termines de freír toda la verdura, viértela en el caldillo y hierve 10 minutos para que se impregnen de la salsa y el queso se derrita.

MONTAJE

1. Sirve de 3 a 4 porciones por persona, baña con el caldillo, se acompaña con frijoles de la olla y arroz blanco.

TIPS

Aunque te quemes un poco, la manera de que mantengan forma es presionarlos un poco para que suelten el agua y el queso pegue ambas partes, debes pasar por el harina; otro secreto es el punto del huevo batido, para eso sigue las instrucciones de esa sección.

Tostadas de pollo, panela o pierna

Las tostadas en Tepic eran y son parte fundamental, cuando mis hermanas estaban en la primaria alrededor de 1960, la comida del recreo eran tostadas con frijoles, repollo y su salsa de tomate. Los mariscos también se sirven sobre tostadas y en Nayarit es típico como antojito, la cena o comida tostadas con pollo, pierna o panela. Lo característico es la "untadita" de frijoles. Espero las disfruten mucho. Les doy cantidades de tres tostadas por persona por ingrediente que ustedes elijan o tal vez quieren hacer un poco de todo, en dado caso reduzcan a un tercio las cantidades de carne o panela.

INGREDIENTES

- 800 g de pierna de cerdo (ver receta de coachala para su cocción, página 206)
- 550 g de pechuga de pollo cocida (ver cocción de pollo, página 66)
- 700 g de panela oreada o fresca
- 1 taza de frijoles refritos (ver página 72)
- 2½ piezas / 350 g de pepino
- 54 g de chile jalapeño enlatado
- 150 g de lechuga romana o repollo blanco
- 90 g de zanahoria curtida enlatada
- 180 g de queso añejo o de adobera
- 1¼ pieza / 150 g de cebolla morada
- 3 piezas / 80 g de limón
- ¼ cucharadita / 1 g de sal
- 18 tostadas de su elección
- 126 g de rábano
- 3 vueltas de molino
- 1 receta de salsa para tostadas, tacos, sopes y gorditas (ver página 69)

PREPARACIÓN

1. Tienes que deshebrar la carne ya cocida que hayas elegido.
2. Parte la panela en rebanas delgadas.
3. Calienta los frijoles.
4. El pepino pártelo en rodajas delgadas, el jalapeño en rajas finas, la lechuga finamente picada, la zanahoria en rajitas, ralla el queso añejo y la cebolla pártela en medias lunas, ponla en un tazón, exprime los limones y salpimiéntala, déjala que se desfleme unos minutos.
5. Ahora sí estás en condiciones de armar las tostadas.

MONTAJE

1. Sirve 3 tostadas en cada plato.
2. Toma la tostadas y úntala de frijoles, luego pon tu elección ya sea panela, pollo o carne de cerdo, encima va la lechuga, rajas de zanahoria, rodajas de pepino, rajas de jalapeño, cebolla desflemada, rábano, espolvorea con queso y baña cada tostada con 45 ml de salsa.
3. En cada plato, sirve rebanadas de limón.

TIPS

La carne no debe estar fría, sino a temperatura ambiente.

Ante

Este postre era tradición comerlo para las fiestas de Santiago y Santa Ana el día 26 de julio en el parque conocido como La Loma, donde se hacían festejos charros, se vendían elotes cocidos y las señoras ponían sus puestos de ante. Lo tradicional era servir en comalitos de barro una rebanada de pan inglés o mamón, bañarlo con su atole, espolvorearle almendras o ajonjolí y ponerle una banderita de papel picado. Hoy en día esta tradición se ha perdido y las generaciones actuales ni siquiera conocen este postre. Por lo que decidí montarlo como si fuera un pastel, aunque le hice dos cortes al pan y lo rellené de este atole. Es muy rico.

INGREDIENTES

Para el pan
- 1½ taza / 200 g de harina
- 1 cucharada / 8 g de royal
- 8 huevos separados
- Poco menos de 1 taza / 200 g de azúcar

Atole
- 1.5 ℓ de leche entera
- 5 cm / 5 g de canela en vara
- 1 pizca muy chica de sal
- ⅓ taza copeteada / 83 g de azúcar
- 5 cucharadas / 40 g de maicena
- 4 yemas
- ¼ taza / 60 ml de alcohol de 96° o ron
- ½ taza / 70 g de almendra
- ½ taza / 70 g de pasas

PREPARACIÓN

Pan
1. Engrasa con mantequilla y enharina un molde para pastel de 29 centímetros de diámetro y 6.5 centímetros de alto. Precalienta el horno a 180°C.

2. Cierne el harina con el royal, separa los huevos, mezcla las yemas con el azúcar y bate hasta que empiece a esponjar y se torne blancuzca la yema, al punto que cuando levante la batidora apagada se forme un listón, a esto se le llama punto listón o punto letra, porque se podría escribir sobre el batido y desaparece a los pocos segundos. Reserva, lava el globo de la batidora e inicia a batir las claras, cuida que las claras se levanten, pero que no lleguen a punto de turrón, deben quedar también punto letra.

3. Luego, toma una cucharada grande de las claras e incorpóralas a las yemas batidas con movimientos laterales sin mucho cuidado, a esto se le llama equiparar densidades, después con cuidado y movimientos envolventes inicia a incorporar el resto de las claras batidas a las yemas.

4. Cuando finalices esta operación, vuelve a cernir poco a poco el harina sobre el batido del huevo e incorpora nuevamente con movimientos envolventes, cuidando que no se formen grumos y sin golpear el tazón donde se está realizando el batido, de lo contrario se romperán las moléculas de aire formadas durante el batido y su preparación se bajará. Cuando termines de incorporar la harina, vierte con cuidado la preparación al molde de pastel e introdúcelo al horno durante 50 minutos aproximadamente.

5. Si no cuentas con luz en tu horno, no abras antes de los 40 minutos, porque es probable que se baje. Mientras se hornea el pan, prepare el atole.

Atole
1. Vierte en una olla, de preferencia de acero inoxidable y lleva a fuego medio, la leche, canela, pizca de sal y azúcar, moviendo constantemente para que el azúcar se disuelva.

2. Cuando tome una temperatura cerca de los 70°C, toma ¾ de taza y disuelve la maicena, las yemas y el alcohol muy bien, que no queden grumos. Vierte

poco a poco esta mezcla al resto de la leche sin dejar de batir. Recomiendo que utilices un batidor globo, mueve constantemente y cuando empiece a espesar, cambia a una pala simple.

3. Continúa batiendo para que no se pegue a la olla y pasados 20 a 30 minutos, cuando haya tomado consistencia de atole, retira del fuego y tapa con papel film en contacto, es decir, coloca directamente este plástico sobre la natilla, esto es para que al momento de enfriar no se forme una nata.

4. Calienta un poco de agua, vierte las almendras al agua caliente y déjalas reposar. Al cabo de unos minutos se desprenderá la piel, entonces colócalas sobre un trapo de cocina y frótalas, esto ayudará a quitarles la piel, después pícalas.

5. Cuando esté listo el pan, se sabe porque al insertar un palillo fino sale limpio o simplemente notarás que se ha esponjado con un color ligeramente dorado y se habrá separado de las orillas del molde. Sácalo del horno y déjalo enfriar. Cuando esté totalmente frío con la ayuda de un cuchillo de sierra o un hilo haz dos cortes horizontales.

MONTAJE

1. En un platón bonito coloca la capa que estaba en el piso del molde.

2. Baña con un poco del atole encima, le puedes espolvorear un poco de almendras y pasas, acomoda la capa de en medio, repite la operación y por último, corona con la tercer capa y baña todo el postre con el resto del atole y espolvorea con almendras picadas y pasas.

3. Como opción, puedes comprar almendras fileteadas. Tradicionalmente se espolvoreaba con ajonjolí.

TIPS

Es importante que no se pase el batido de las claras ni las yemas, si llegan al punto de turrón, estarán tan densas que será casi imposible mezclar ambas preparaciones, lee con atención el apartado del batido del huevo a punto listón (página 67). La cantidad de alcohol para la natilla la deciden ustedes.

Ante con fresas

El ante se servía en ocasiones especiales, mi abuela Concha Vivanco lo preparaba durante todo el año con algunas variantes. Al entrevistar familiares y conocidos de la familia recordaban con gusto en el paladar y el alma su versión. Es más fácil porque no partía el pan, sino que lo bañaba con la natilla.

INGREDIENTES

- 1 receta de ante y su natilla (ver página 236)
- 500 g de fresas grandes

PREPARACIÓN

1. Machaca 300 gramos de fresas y mézclalas en la natilla cuando ésta enfríe y reserva. Parte las fresas restantes en gajos a lo largo.
2. Desmolda el pan siguiendo las instrucciones de la receta. Lo puedes hacer en rosca.

MONTAJE

1. Coloca sobre un platón grande el pan de ante, báñalo con la natilla de fresas y decora con gajos de fresas encima del pastel.

Dulce de coco

Es una natilla a base del agua y carne de coco. Simplemente riquísima.

INGREDIENTES

- 1½ ℓ de leche
- 1 vara de 6 cm / 4 g de canela en vara
- ⅓ taza / 85 g de azúcar
- 350 g de carne de coco de media cuchara
- 2 tazas + 1 cucharada / 270 ml de agua de coco
- 8 cucharadas / 45 g de maicena
- 2 cocos de media cuchara

PREPARACIÓN

1. Pon la leche en una olla junto con la canela y el azúcar a hervir a fuego bajo para que se infusione la canela y el azúcar se disuelva.
2. El coco de media cuchara se refiere al estado de la carne cuando está tierna, que no es dura ni muy blandita, dependiendo de la carne del coco puede llegar a necesitar hasta 3 cocos.
3. Quita la piel café que en ocasiones se viene al sacar la carne.
4. Licúa el agua de coco con su carne y la maicena. Le van a quedar grumos del coco, lo cual le dará sabor y textura.
5. Cuando la leche empieza a soltar el hervor y la vara de canela se ve hidratada es el momento para agregar el licuado de coco sin dejar de batir hasta que se espese ligeramente, debe hervir a fuego bajo, cerca de 25 minutos una vez que ya se le agregó el coco.
6. Cuando haya espesado ligeramente y que al probarla no sepa a fécula de maíz, retírala del fuego, tapa con plástico en rollo o una bolsa de plástico en contacto con la natilla, esto es para que no se forme nata al enfriar.

MONTAJE

Ya que enfrió, vacía en tazones individuales y espolvorea un poco de canela.

TIPS

Quítale toda la piel color café al coco, de lo contrario puede amargar un poco el dulce y darle mal aspecto.

Dulce de jícama

Alguien originario de un poblado cerca de Tepic me contó de este dulce de jícama, como algo secreto. Después, la señora Lucinda de Jala, me dijo abiertamente que había un dulce de jícama que tenía el aspecto parecido al de una cocada y me dio su receta. No es complicado, requiere tiempo y queda muy rico. Seguro sorprenderás a tu familia con este dulce.

RENDIMIENTO

- 16 piezas

INGREDIENTES

- 6 piezas chicas / 1.280 g de jícama sin pelar
- 4 tazas / 960 ml de leche
- ¾ taza / 165 g de azúcar
- 1 cucharadita / 3 g de canela molida

PREPARACIÓN

1. Pela y ralla finamente la jícama.
2. Vierte a una olla mediana la leche, azúcar, canela y jícama rallada, ponla a fuego medio sin dejar de mover.
3. El líquido debe reducir casi en su totalidad y el dulce tomar un ligero color beige.
4. Cuando tenga una consistencia casi firme, haz montículos con una cuchara y deja enfriar.
5. Tomará el aspecto de una cocada.

MONTAJE

1. Coloca en un platón varios montículos y espolvorea con canela.

TIPS

Es importante no dejar de mover, de lo contrario se pegará.

Encanelados

Son una variante de los buñuelos. Es una masa que se estira muy fina, para después freír y bañar de azúcar con canela. Esta receta es una combinación de la señora Moni en Santa María del Oro y de la señora Lucinda en Jala.

INGREDIENTES

- ¾ taza copeteada / 100 g de harina cernida
- 1 pizca de tequesquite en polvo
- 3 yemas de huevo
- 1 cucharada / 15 ml de tequila
- 3 cucharadas / 12 g de canela molida
- 1 taza / 220 g de azúcar
- 1 taza / 240 ml de aceite o el necesario

PREPARACIÓN

1. Mezcla la harina con el tequesquite en polvo y ciérnela dos veces sobre un tazón mediano o en la mesa. Haz la forma de volcán, en medio coloca las 3 yemas y el tequila, que vas a unir inmediatamente.
2. Empieza a hidratar la harina con la mezcla de yemas y tequila. Cuando se vuelva una masa firme, dura y desgarrada, tenemos que alisarla. Para lograrlo empieza a amasar rodando del centro hacia el borde y dale un cuarto de vuelta, repite la operación sin imprimir fuerza, es como un masaje hasta que la masa se vuelva lisa. Su consistencia es compacta, déjala reposar 15 minutos para que relaje y la puedas estirar.
3. Mientras tanto, mezcla la canela con el azúcar y remuélela en la licuadora, viértela a un tazón o plato hondo y tenla lista para encanelar.
4. Divide la masa en 4 partes, espolvorea harina sobre la mesada de trabajo, enharina el rodillo y aplana la masa hasta que se haga un círculo muy fino que se transparente la mesa de trabajo, con un cuchillo que no sea de sierra, haz cortes en

triángulo y repite la operación con el resto de la masa. Cuando hayas terminado, calienta la taza de aceite y fríe ahí los triángulos.

5. Licua la canela con el azúcar para que queden muy finas.
6. Voltéalos cuando tomen un color dorado parejo. Retíralos del aceite y espolvoréalos de canela y azúcar antes de que enfríen. Los encanelados tienen una textura firme pero no crujiente.

MONTAJE

1. Colócalos en un canasto sobre la mesa a la hora del postre.

Gelatina de mango

En Tepic, la gelatina es muy común de postre después de la comida, creo que tiene que ver con el clima caluroso. Son sumamente ricas y refrescantes cuando están bien hechas y sobre todo cuando son de fruta natural. Esta la solía hacer mi madre en temporada de mango, es de mis preferidas.

RENDIMIENTO
- 1 rosca estándar u ocho ramekines con capacidad de 180 ml

INGREDIENTES
- 4 cucharadas / 29 g de grenetina
- ¾ taza de agua para hidratar grenetina
- 4 piezas / 500 g / 2 tazas de pulpa de mango
- 1½ taza / 360 ml de agua
- ⅓ taza / 80 g de azúcar
- 1 lata / 356 ml de leche evaporada

PREPARACIÓN
1. Vacía la grenetina en un tazón chico y vierte de golpe los ¾ de taza de agua, mezclando con un tenedor o un batidor pequeño hasta que se deshagan los grumos. Déjala reposar para que hidrate.
2. Pela los 4 mangos y cerciórate de que sean las 2 tazas de pulpa. En una olla chica pon a calentar el resto del agua con el azúcar y la grenetina hidratada moviendo constantemente para disolver muy bien el azúcar y grenetina (es un paso muy importante en la elaboración de gelatinas).
3. Retira del fuego en cuanto suelte el hervor, cámbiala de molde y déjala enfriar.
4. Cuando esté a temperatura ambiente vacía a la licuadora la pulpa de mango, la leche evaporada y parte de la mezcla de agua, grenetina y azúcar.
5. Licua esto y viértelo al tazón donde está el resto del agua con grenetina y mezcla muy bien.
6. Engrasa ligeramente con un poco de mantequilla el molde donde vas a vaciar la gelatina y vacía esta mezcla al molde final y refrigera mínimo 3 horas antes de consumirla, sobre todo si la haces en un molde grande o de un día para otro.

MONTAJE
1. Cuando la gelatina esté cuajada, con tu dedo ve desprendiendo las orillas, cuando hayas desprendido todo el perímetro, pon un plato o platón lo suficientemente grande en la boca del molde y voltéalo para desmoldar.
2. La puedes decorar con gajos de mango maduro o flores alrededor.

TIPS
Utiliza mangos maduros, son los que tienen un mejor sabor, en lo personal los postres no me gustan muy dulces, si al probar la receta te gustaría más dulce, sólo basta con agregar más azúcar, pero primero pruébala como está. El mango se siente mucho.

Gelatina de nuez

Esta gelatina la solía hacer mi madre en ocasiones especiales. Queda muy bonita, porque la piel de la nuez decanta hacia el fondo y la pulpa hacia la superficie. Cuando la desmoldas, encima queda color canela y la parte de abajo con una textura rica en nuez. Rinde 1 rosca estándar u 8 ramekines con capacidad de 180 ml

INGREDIENTES

- 3 cucharadas / 21 g de grenetina
- ⅔ taza / 160 ml de agua para hidratar grenetina
- 1½ taza / 360 ml de agua
- 1 taza / 100 g de nuez en mitad
- 1 lata / 356 ml de leche evaporada
- ½ taza / 100 g de azúcar

PREPARACIÓN

1. Vacía la grenetina en un tazón chico y vierte de golpe los ⅔ de taza de agua, mezclando con un tenedor o un batidor pequeño hasta que se deshagan los grumos. Déjala reposar para que hidrate.
2. En una olla chica pon a calentar el resto del agua, con el azúcar y la grenetina hidratada moviendo constantemente para disolver muy bien el azúcar y grenetina (este es un paso importante en la elaboración de gelatinas).
3. Retira del fuego en cuanto suelte el hervor, cámbiala de molde y déjala enfriar.
4. Cuando esté a temperatura ambiente vacía a la licuadora la nuez, la leche evaporada y parte de la mezcla de agua, grenetina y azúcar. Licua esto y viértelo al tazón donde está el resto del agua con grenetina y mezcla muy bien.
5. Engrasa ligeramente con un poco de mantequilla el molde donde vas a vaciar la gelatina y vacía esta mezcla al molde final y refrigera mínimo 3 horas antes de consumirla, sobre todo si la haces en un molde grande, o refrigera de un día para otro.

MONTAJE

1. Cuando la gelatina esté cuajada, con tu dedo ve desprendiendo las orillas.
2. Cuando hayas desprendido todo el perímetro, pon un plato o platón lo suficientemente grande en la boca del molde y voltéalo para desmoldar.
3. La puedes decorar con flores.

TIPS

Utiliza nuez de buena calidad, si utilizas nuez vieja, el sabor será amargo. En lo personal los postres no me gustan muy dulces; si al probar la receta te gustaría más dulce, sólo basta con agregar más azúcar, pero primero pruébala como está.

Pastel de elote

Este es un pastel muy rico, queda húmedo y no es dulce. Es común encontrarlo en las pequeñas tiendas de abarrotes en Tepic y en los pueblos. Esta receta es muy fácil de hacer y no contiene harina.

INGREDIENTES

- 1 cucharada de mantequilla para engrasar el molde
- 2 cucharadas de harina para enharinar el molde
- 5 piezas / 3 tazas / 500 g de elote desgranado
- 3 huevos
- 1 lata de leche condensada
- ½ taza / 120 ml de mantequilla derretida
- 1 cucharadita / 5 g de polvo para hornear

PREPARACIÓN

1. Como es muy rápida la preparación, precalienta el horno a 180°C, engrasa y enharina el molde.

2. Desgrana el elote y pon todos los ingredientes en la licuadora o una procesadora.

3. Cuando se hayan incorporado todos los ingredientes y el elote esté bien triturado, vacía la preparación al molde e introdúcelo al horno durante 1 hora.

4. Pasada la hora puedes insertar un palillo y si sale limpio ya está.

MONTAJE

1. Lo puedes colocar en un platón y decorar con canela en polvo y hojas de elote.

TIPS

Este es un pastel muy rico y fácil de elaborar, te saca de muchos apuros.

Pastel volteado de piña

Es un pastel muy característico durante la época de mis padres (1940). Mi madre lo elaboraba en ocasiones especiales, lo preparaba durante la noche porque no le gustaba que nadie la interrumpiera. Durante la degustación para las recetas del libro, había momentos que las sesiones parecían un viaje al pasado, donde las palabras sobraban, los rostros se iluminaban y las palabras que emanaban era: "me recuerda a mi abuelita… me recuerda a mi tía la que hacía postres… me recuerda a mi mamá…" este pastel fue motivo de recuerdos. Espero que si ya lo han probado les recuerde algún momento feliz de su vida o, si no lo han probado, les provoque un momento feliz.

RINDE

- 1 molde estándar de 29 cm de diámetro por 6.5 cm de alto

INGREDIENTES

- 80 g de mantequilla a temperatura ambiente
- 40 g de azúcar mascabado
- 8 rebanadas de piña de lata
- 8 cerezas en almíbar
- 10 ciruelas pasas
- 2 cucharaditas / 8 g de polvo para hornear
- 1½ taza / 300 g de mantequilla a temperatura ambiente
- ¾ taza / 140 g de azúcar
- 1 lata / 397 ml de leche condensada
- 3 huevos
- 3 tazas / 434 g de harina
- 1 taza / 240 ml de jugo de almíbar de la piña de lata

PREPARACIÓN

1. Este tipo de pastel entra en la categoría de las masas batidas pesadas por su alto contenido de materia grasa, como su nombre lo indica, el secreto está en un buen batido.

2. Primero debes mezclar muy bien los 80 g de mantequilla con el azúcar mascabado. Engrasa el molde generosamente con esta mezcla, decora el fondo del molde con las rebanadas de piña, en medio del orificio de la piña coloca una cereza y en los espacios entre las piñas coloca una ciruela pasa sin hueso o con hueso. Es muy importante secar las rebanadas de piña y cerezas con papel absorbente antes de decorar el molde, de lo contrario humedecerá la masa y se apelmasará.

3. Precalienta el horno a 180°C. Cierne la harina con el polvo para hornear dos veces. Bate la mantequilla (con el batidor globo, si tienes batidora de pie) hasta que tome un color blanco, entonces agrega el azúcar y continúa batiendo hasta que esta mezcla se empiece a esponjar.

4. Cuando veas que el azúcar está muy bien incorporada, la mantequilla muy blanca y esponjada, vierte lentamente y sin dejar de batir la leche condensada; continúa batiendo y vierte los huevos uno por uno sin dejar de batir. Vierte uno, bate y cuando veas que se incorporó continúa con el siguiente, así hasta incorporar las 3 piezas. Ahora baja la velocidad de la batidora (y si es batidora de pie, cambia por la pala), intercala vertiendo un poco del jugo del almíbar y luego un poco del harina con polvo de hornear, hasta concluir. Una vez lista la masa, viértela en el molde que ya tienes engrasado y decorado, introduce el pastel al horno y hornea durante 60 min.

5. Pasados los 50 minutos, introduce un palillo al pan y si sale limpio y se siente firme al tocarle por en medio, está listo, de lo contrario, déjalo unos minutos más.

MONTAJE

1. Ya que esté listo, sácalo del horno y déjalo reposar antes de desmoldar.

2. Cuando esté tibio es el mejor momento para sacarlo.

3. Coloca un lindo platón redondo sobre el molde y voltéalo para desmoldar. Queda con una decoración muy retro, lo puedes colocar al centro de la mesa.

TIPS

Es muy importante el tiempo de batido, no lo apresures, así como dejar incorporar el ingrediente que se está añadiendo, antes de agregar otro. Si el ambiente está muy húmedo, es posible que la miga no quede tan aireada, pero un buen batido contrarresta los embates del clima.

Pay de guayaba

En Tepic, los pays son muy socorridos, producto de los estadounidenses que vinieron en primer lugar con la embajada y posteriormente a trabajar en las tabacaleras. Este pay es muy fácil de elaborar, lo que no quiere decir que sea rápido, este me gusta mucho porque es pura fruta.

RENDIMIENTO

- 8 personas

INGREDIENTES

- 1 receta de masa para pay (ver página 68)

Relleno

- 1.020 kg de guayaba entera
- 1 taza / 240 ml de agua
- ⅓ taza / 75 g de azúcar
- 1 raja chica / 5 g de canela
- 5 cucharadas / 40 g de maicena
- 1 huevo mezclado para barnizar
- Azúcar para espolvorear
- Canela para espolvorear

PREPARACIÓN

1. Parte las guayabas por mitad, quítales las semi-llas con una cuchara quedarán aproximadamente 620 g de pulpa sin semillas. Cuando estén limpias pártelas en gajos de 1 cm de ancho y ponlas en una olla con ⅔ taza (160 ml) de agua, el azúcar y la raja de canela. Hierve a fuego lento durante 15 minutos.
2. Diluye la maicena en ⅓ taza (80 ml) de agua y agregarla a la preparación anterior, moviendo constantemente hasta que espese, deja hervir otros 10 minutos más y retírala del fuego a que enfríe.
3. Cuando haya enfriado la preparación de guayaba precaliente el horno a 180°C.
4. Engrasa y enharina un molde para pay de 23 a 30 cm de diámetro, parte la masa en 2 y estirarla hasta formar dos discos, con uno forra el molde, pica 6 veces con un tenedor por toda la base, co-loca el relleno frío y tapa con el segundo disco el relleno de guayaba. Vuelve a picar con el tenedor la tapa. Recomiendo que lo hagan simétricamente para que tenga buena vista.
5. Corta el excedente de la masa con un cuchillo o pasando el rodillo por los bordes, la presentación más fácil es aplanar la orilla con un tenedor.
6. Con la ayuda de una brocha de cocina, barniza con el huevo batido la tapa del pay y espolvorea con azúcar y canela. Hornea durante una hora.
7. Deja entibiar antes de cortar, de lo contrario se va a desbaratar.

MONTAJE

1. Una vez frío, lo puedes colocar sobre un platón y decorar con hojas de yerbabuena, o servir tibio en rebanadas en cada plato y acompañar con un poco de nieve de vainilla.

TIPS

Lee con atención la receta de masa para pay.

Tamal de elote

Este tamal es muy rico, pues es a base de elote tierno con su agregado de mantequilla. Hay distintas versiones y esta es una conjunción de varias de ellas. Normalmente trituran los granos de elote en un molino de mano y su textura queda muy fina, en el procesador de casa o licuadora la textura no es igual, pero sí quedan. Espero los disfruten.

RENDIMIENTO
- 14 a 16 piezas

INGREDIENTES
- 12 piezas / 1.174 kg / 6 tazas de elote desgranado
- 2 tazas / 360 g de mantequilla a temperatura ambiente
- ½ taza / 120 g de azúcar
- Abajo de ¼ de cucharadita de sal
- 1 cucharada / 8 g de polvo para hornear
- 1 cucharadita / 2 g de canela en polvo
- 2 cucharadas / 30 ml de aceite

PREPARACIÓN
1. Debes colocar cada elote sobre una tabla y sosteniéndolo, con la ayuda de un cuchillo filoso, vas a hacer un corte circular en las hojas antes de la base del elote, así desprenderás las hojas con facilidad. Reserva de 14 a 16 hojas grandes, maleables, lávalas y el resto las puedes tirar.
2. Ya que peles los elotes, desgránalos con un cuchillo, mide en tazas la cantidad de elote (si sobra un poco no pasa nada, pero si le falta media taza, entonces desgrana otro elote).
3. Una vez desgranados los elotes, muélelos sin líquido alguno en la licuadora o procesador, ve haciéndolo de media taza en media taza para que se muelan mejor y resérvalos en un tazón.
4. Si cuentas con una batidora de pie te recomiendo que pongas simultáneamente la mantequilla a batir a blanco junto con el azúcar, es el punto donde la mantequilla toma un color blanco y comienza a esponjar.

5. En este punto agrega la sal, polvo para hornear, canela, aceite y continúa batiendo hasta que se incorporen muy bien.
6. Cuando termines de moler todo el elote, vácialo a esta mezcla y amásalo con la mano, para lograr una unidad.

ARMADO
1. En cada hoja de elote pon dos cucharadas de masa en medio, pero hacia la parte puntiaguda de la hoja, luego vas a doblar hacia adentro un extremo lateral, luego el otro y de la parte ancha hacia arriba, estos no se amarran.
2. Coloca en una olla grande una rejilla para cocción al vapor, vierte agua hasta el borde de la rejilla y sobre ésta ve acomodando los tamales con la punta hacia arriba.
3. Ponlos a fuego alto para que suelte el hervor el agua y luego bájalo a fuego medio, tápalos y deja hervir durante 40 minutos, revísalos, si les falta déjalos de 10 a 20 minutos más. Sabes que están listos cuando están firmes pero suaves.

MONTAJE
1. Se sirven en su hoja y cada quien los abre, otra opción es ponerlos en un platón sin hoja para que sea más fácil de servir.

TIPS
Normalmente, a este tipo de tamal le agregan una parte de mantequilla y otra de margarina, esto ayuda a que la consistencia sea más firme, por cuestiones de salud, yo los hago con pura mantequilla y siempre quedan un poco aguados. Si a ustedes no les gusta esta consistencia entonces la cantidad de mantequilla divídanla para que sea mitad y mitad. Recuerden que el organismo es incapaz de desechar la margarina. Es su elección. Una vez cocidos, una forma en que son muy ricos es poniéndolos directamente en una sartén sin hoja y que se doren, la costra dorada que se forma es deliciosa.

Tamal de lima

La lima es un fruto jugoso de la familia de los cítricos, cuya acidez es nula, en Tepic abunda este fruto. El sabor de la lima es muy característico con la particularidad de que si no se consume de inmediato se vuelve amargo en pocos minutos. En el pueblo de Santa María hay mínimo un árbol de lima en cada patio, es aquí donde nacen estos deliciosos tamales. La señora Moni me enseñó esta delicadeza en un largo maratón de cocina.

RENDIMIENTO

- 12 piezas chicas

INGREDIENTES

- 14 hojas de maíz para tamal (las más delgaditas)
- 500 g de harina de maíz o de maíz nixtamalizado y molido sin agua
- 1½ taza de jugo de lima
- 1 taza / 180 g de mantequilla (2 barras) a temperatura ambiente
- 2 cucharadas / 30 g de manteca vegetal
- 40 g de ralladura de lima (8 piezas)
- 1⅓ taza / 250 g de azúcar
- 1 taza / 150 g de requesón sin compactar
- 2 cucharadas / 10 g de polvo para hornear
- La mitad de ¼ de cucharadita de sal

PREPARACIÓN

1. Prepara las hojas de maíz como se indica en consideraciones (página 60)
2. Mezcla y amasa el harina de maíz o nixtamal con el jugo de lima, la consistencia quedará muy aguada, reserva esta preparación.
3. En un tazón grande comienza a batir la mantequilla, manteca vegetal y la ralladura de lima a blanco (al punto donde se vuelve blanca), al llegar a este punto vierte el azúcar y continúa batiendo hasta que se integre bien el azúcar y se vuelva esponjosa la mantequilla y agrega el requesón, baja la velocidad de la batidora hasta que se incorpore, vierte el polvo para hornear y la sal, continúa batiendo hasta que se integre y sin dejar de batir ve agregando poco a poco la masa hidratada con el jugo de lima.
4. Apaga la batidora cuando se haya incorporado bien la masa y no batas de más.

ARMADO

1. Elige siempre las hojas más delgadas, pon en medio de la hoja dos cucharadas de masa, dobla uno de los extremos laterales hacia adentro, el otro y el extremo ancho hacia arriba donde está la parte puntiaguda y ahí has un nudo como si fuera un regalo.
2. Arma toda la masa, deberán ser 12 tamales medianos.
3. Prepara una olla alta y abajo una parrilla especial para cocinar al vapor, ponle agua hasta el nivel de la parrilla y sobre ella coloca los tamales con el nudo hacia arriba, enciende la estufa a fuego alto primero para que suelte el hervor y después baja a flama media.
4. Una vez que suelte el hervor, déjalos 30 minutos, revísalos y si todavía están crudos déjalos otros 10 minutos más.
5. Sabes que están listos cuando están firmes pero suaves, si se cocinan demasiado quedan duros.

MONTAJE

1. Tradicionalmente se sirven en sus hojas y cada quien los pela, pero los puedes servir calientes en una fuente sobre rodajas de lima como decoración.

TIPS

La materia grasa es un excelente vehículo para transmitir sabores, por eso es importante que batas desde el principio la ralladura de lima con la mantequilla y una vez que se incorpore la masa dejes de batir.

Torta de cielo

Hacia finales de 1800 llegaron a Tepic alemanes para establecer un consulado debido a la actividad comercial del puerto de San Blas. Estos alemanes, con el paso del tiempo, se establecieron y formaron el primer banco en Tepic. La *vox populi* cuenta que ya por 1930, en los albores de la segunda Guerra Mundial desaparecieron vaciando la bóveda del banco, pero dejaron una nota con su famosa receta de la torta de cielo. Se dice que fueron vaciando la bóveda poco a poco metiendo el dinero en latas de miel que mandaban de Jalco a Alemania y las transportaban en barcos que salían de Miramar. De ahí el dicho "los alemanes se llevaron el oro pero dejaron la torta de cielo". Esta es la famosa receta, que digamos es una sucesión de grandes galletas unidas por mermelada de chabacano. En Tepic se consume hasta hoy y es característica de las mesas decembrinas.

INGREDIENTES

- 4.5 barras / 400 g de mantequilla
- 1 taza + 2 cucharadas / 250 g de azúcar
- 4¼ taza / 500 g de harina
- 1 huevo y una yema
- ½ cucharadita / 2 g de polvo para hornear
- 1 huevo para barnizar
- ¾ taza / 125 g de almendras peladas y picadas
- 1 frasco de mermelada de chabacano

PREPARACIÓN

1. Deja fuera del refrigerador la mantequilla mínimo 2 horas antes de utilizar.
2. Crema la mantequilla con la batidora (es decir, batir mucho tiempo hasta que tome una consistencia cremosa) y agrega el azúcar una vez que esté esponjándose. Bate hasta que se incorpore muy bien la mantequilla y el azúcar –mi madre decía, "hasta que ya no suene el azúcar"–, que se tornará blanca.
3. Mientras se bate (si tienes una batidora de pie), engrasa con mantequilla y enharina 7 moldes para torta de cielo.
4. Cuando ya está muy bien incorporada la mantequilla y el azúcar, agrega el huevo entero sin dejar de batir, después la yema y por último la harina cernida.
5. No debes sobrebatir una vez que incorporas la harina porque la masa se hace dura. La mezcla queda muy suave.
6. Con la ayuda de una espátula larga de repostería o un cuchillo de mesa, debes ir untando esta mezcla en los moldes, cuida que queden parejos y no gordos, sino al ras.
7. Bate muy bien el huevo entero para barnizar y con la ayuda de una brocha, barniza sobre cada torta sin hornear, espolvorea almendra picada en cada una de manera armónica.
8. Mete los moldes al horno durante 15 a 20 minutos en el horno precalentado a 180°C.

9. Cuando tomen un color doradito, sácalas del horno y déjalas enfriar antes que intentes desmoldar, si las quieres sacar calientes de seguro se van a romper. Con la ayuda de un cuchillo y las tortas bien frías, sácalas de los moldes.

MONTAJE

1. Selecciona un platón bonito, luego elige la torta que te guste más, la que tenga un mejor dorado y resérvala para que quede encima.

2. Coloca una torta, que es como una galleta grande, en medio del platón, úntala con mermelada de chabacano generosamente, coloca encima otra capa y repite la operación, hasta que al final quede la galleta que seleccionaste.

3. Deja que repose mínimo 40 minutos antes de partir.

4. Se debe impregnar bien de la mermelada, si no cuando la partas se romperá toda. La puedes decorar con flores naturales.

TIPS

La gran mayoría de los hornos caseros no hornean parejo, así que vigila tus tortas, porque es probable que empiecen a quemar de un lado, velas rotando para que su dorado sea parejo, en este tipo de preparaciones no pasa nada si abres el horno antes de tiempo.

Los moldes se mandan a hacer con un hojalatero, deben ser de 23 centímetros de diámetro (9 pulgadas) por 3 milímetros de alto, no más.

Tradicionalmente deben ser 7 capas.

El Nayarit fusión

Se vislumbra una cuarta "región", muy virtual,
la compuesta por los nuevos migrantes y chefs
que en la última década fusiona los productos y
procesos locales con los suyos.

BERNARDO GONZÁLEZ

Recetas

Atún dúo

Esta es una entrada al estilo Mark's Bar & Grill en Bucerías. Se caracteriza por utilizar productos locales fusionados con sabores internacionales. Este atún lo compran en el mercado de La Cruz de Huanacaxtle, donde todos los días llegan excelentes atunes recién pescados de gran tamaño. Desde ahí se exportan al mercado internacional.

Atún en costra de ajonjolí

INGREDIENTES

Atún
- 600 g de lonja de atún calidad para sushi
- 250 g de ajonjolí negro
- 250 g de ajonjolí blanco
- Sal
- Pimienta

Vinagreta de salsa de soya
- 1 cucharada de mezcla de ajonjolí blanco y negro macerados
- 1 cucharada de aceite de ajonjolí
- 1½ cucharada de jugo de naranja recién exprimida
- 1 cucharada de salsa de soya
- 1½ cucharada de vinagre de arroz
- ¼ cucharadita de jengibre rallado
- ⅛ cucharadita de chile cola de rata triturado (ver página 80)

PREPARACIÓN

1. Corta el atún en lonjas delgadas de 100 gramos, elimina cualquier parte negra del atún.
2. Salpimienta ligeramente, vierte las semillas de ajonjolí en una charola y pasa el atún para empanizarlos.
3. Luego, con la ayuda de un plástico enróllalo y mételo al refrigerador durante dos horas.
4. Pasadas las dos horas, rebánalo en rodajas delgadas y resérvalas.

Vinagreta
- Mezcla todo en un tazón y rectifica el sabor con sal y pimienta.

Tartar de atún con hongos shitakes y vinagreta de miso

INGREDIENTES

Vinagreta de miso
- 1 cucharadita de miso amarillo
- 1 cucharada de vinagre de arroz
- 1 cucharada de mirin
- 2 cucharadas de aceite de canola
- 2 cucharadas de aceite de soya
- 1 cucharada de salsa de soya

Hongos shitakes
- 4 hongos shitakes
- 1 cucharada de salsa de soya
- 1 cucharada de aceite de oliva
- 2 cucharaditas de aceite de ajonjolí

Tartar de atún
- 250 g de lonja de atún fresco cortada en cubos de 1 centímetro
- 1 cucharada de chile jalapeño cortado en cuadritos
- 1 cucharada de papaya en conserva en cuadros chicos
- 1 cucharada de cebolla picada finamente

PREPARACIÓN

Vinagreta de miso

1. Mezcla muy bien todos los ingredientes.

Hongos shitakes

1. Hidrata los hongos shitake en agua tibia hasta que suavicen.
2. Córtalos en cuadros finos y sazona con la salsa de soya, aceite de oliva y aceite de ajonjolí.
3. Mete al horno durante 5 minutos. Déjalos enfriar.

Tartar de atún

1. Mezcla con cuidado el atún en cubos, chile jalapeño, papaya, preparación de hongos shitake y vierte la vinagreta de miso.

MONTAJE

1. Elige un platón alargado, en un extremo sirve el tartar de atún ayudándote de un instrumento para servir nieve y en el otro extremo acomoda las rebanadas del atún con ajonjolí de manera sobrepuesta y salséalas ligeramente con la vinagreta de miso.
2. Decora cada plato con rebanadas de chile jalapeño encima del tartar y la mitad de un limón.

Ceviche dúo

Es dúo, porque se utilizan los dos peces más representativos de los mares de Nayarit: el robalo y el dorado. Es una entrada que comparte Emiliano, comida y vino. Este ceviche tiene raíces muy clásicas, con toque gourmet, como el macerado de ajo rostizado con chile cola de rata que lo hacen muy interesante, delicioso y digno de probarse. Su chef, Marco Valdivia, nos invita a prepararlo.

INGREDIENTES

- 300 g de robalo
- 300 g de dorado
- 1 pieza / 120 g de cebolla morada pequeña
- 1 pieza / 140 g de pepino criollo rallado
- 3 limones criollos
- 2 piezas / 6 g de ajo
- 2 piezas de chile cola de rata molido sin semilla
- 4 cucharadas de cilantro fresco picado
- Sal de mar al gusto
- 1 aguacate

PREPARACIÓN

1. Envuelve el ajo en papel aluminio con un chorrito de aceite de oliva y hornéalo a fuego medio hasta que esté suave.
2. Tritura el ajo rostizado con el chile cola de rata y reserva.
3. Corta el pescado en cubos de 2 centímetros aproximadamente. Rebana la cebolla en gajos lo más delgado posible.
4. En un recipiente mezcla el pescado, el pepino y la cebolla para posteriormente añadir el jugo de limón, el macerado de ajo con chile, cilantro y sal.
5. Deja marinar 5 minutos y sirve adornando con el aguacate cortado en abanico.

Panela al horno

Cuando Patricia Quintana probó la panela durante el desayuno, me preguntó por su origen, y más tarde impartió una conferencia donde hizo énfasis en la revalorización de los productos locales, como la panela –nos cuenta Marco Valdivia–. Patricia Quintana me abrió los ojos para darme cuenta de que tenía un gran producto local mal aprovechado.

Así surge esta entrada, en reconocimiento a los productores locales. Una fusión muy atinada con albahaca y tomates deshidratados que el chef Valdivia, de Emiliano, les comparte. En lo personal podría convertir esta entrada en un principal. Anímate a hacerla, es deliciosa.

INGREDIENTES

- 20 rebanas de jitomates guajes secos
- 1.3 kg de panela fresco
- 6 cazuelitas de hierro
- 15 hojas pequeñas de albahaca
- 10 cucharadas / 150 ml de aceite de oliva
- 10 rebanadas de pan tostado al comal

PREPARACIÓN

1. Corta los jitomates por mitad a lo largo, luego en cuartos y mételos al horno durante 3 horas a 100 grados, es muy importante que no te pases de esta temperatura. Se deben deshidratar.

2. Corta la panela en rebanadas de una forma que pueda llenarse la cazuelita hasta el tope, después llévala al fuego directo durante 3 minutos para que suelte el suero y retíralo de la panela.

3. Coloca encima los jitomates deshidratados cortados en tiras, las hojas de albahaca picadas y hornea 10 minutos, al salir del horno verificamos que no haya soltado más suero, si es así elimínalo, vierte un toque de aceite de oliva, y acompáñala con rebanadas de pan tostado.

TIPS

Si te quieres ahorrar el paso de deshidratar los jitomates los puedes comprar en frascos ya deshidratados y vueltos a hidratar en aceite de oliva.

Camarón azul de San Blas con salsa de tamarindo

Jan Marie y Mark, de Mark´s Bar & Grill en Bucerías, al escuchar la fama del camarón azul de San Blas, se aventuraron a comprar 10 kilos de este crustáceo en un momento de vacas flacas. Al llegar a Bucerías colgaron un cartel que decía, "Camarón azul de San Blas", donde para su sorpresa a las dos horas lo habían vendido todo. Así surge este platillo que se quedó fijo en su carta. En honor a los productos de San Blas elegí esta receta, que Jan Marie y Mark comparten con nosotros.

INGREDIENTES

- 1¼ pieza de ajo picado finamente
- 1¼ cucharadita de jengibre finamente rallado
- 4 cucharadas de pasta de tamarindo
- ½ cucharadita de cúrcuma en polvo
- ¼ cucharadita de sal de mar
- 30-36 camarones de variedad azul del Puerto de San Blas, limpios y sin cabeza.
- 2 cucharadas de aceite de canola
- 2 dientes de ajo prensado
- ¾ taza de leche de coco
- Cilantro picado como decoración
- 1 pieza de chile serrano

PREPARACIÓN

1. Mezcla e incorpora en un tazón el ajo picado, jengibre, pasta de tamarindo, cúrcuma y sal.
2. Agrega los camarones ya limpios y deja macerar durante 15 minutos. Pasado este tiempo, calienta el aceite en una sartén y agrega los dos ajos prensados a que doren ligeramente. Cuida que no se quemen.
3. Vierte los camarones y su marinada a que doren durante un minuto.
4. Baja el fuego, incorpora la leche de coco y cuando suelte el hervor, retira la sartén del fuego, agrega el cilantro picado y el chile serrano.
5. Acompáñalos de cous cous hervido.

TIPS

El chile serrano depende del gusto personal, si te gusta más picoso aumenta la cantidad, si te gusta ligero déjalo así o redúcelo. En lo personal me gusta dejar las cabezas del camarón, pues ahí está el sabor más intenso, como opción las pueden dejar.

Filete de robalo en cama de camote

Esta es una deliciosa receta que comparte el restaurante Don Pedro en Sayulita.

INGREDIENTES

- 200 g de camote rojo
- ¼ taza / 60 ml de crema líquida
- 1 ℓ de jugo de naranja
- 100 g de mantequilla sólida
- ½ ℓ de jugo de betabel
- 120 g de cebolla
- 2 piezas de huevo
- ½ taza / 60 g de harina
- Sal y pimienta
- 1.080 kg de robalo en filetes de 180 g

PREPARACIÓN

1. Pela y corta el camote en cuadros medianos. Cúbrelo con agua y déjalo hervir durante 15 minutos. Una vez suave, retíralo del fuego y hazlo puré agregando la crema, sal y pimienta al gusto.
2. Para la salsa de naranja, hierve a fuego bajo el jugo de naranja hasta que se reduzca un 80% y fuera del fuego se le agregan los 100 g de mantequilla. Se bate lentamente hasta incorporarla.
3. Para la reducción de betabel es necesario poner el jugo de betabel a fuego lento hasta obtener un caramelo.
4. Corta la cebolla en aros, pásalos por huevo, harina salpimentada y fríelos. Se salpimienta el filete de robalo y se cocina a la parrilla.

MONTAJE

1. Sirve en cada plato una cama de puré de camote, encima el pescado, decora con los aros de cebolla, salsea con la reducción de naranja y pinta unas gotas de reducción de betabel sobre la salsa de naranja.

Pargo en costra de macadamia con salsa de curry rojo tailandés

Este pargo es una receta de Mark's Bar & Grill en Bucerías. El pargo es muy común en costas nayaritas y la nuez de macadamia se cultiva en algunos lugares de Tepic.

INGREDIENTES

Curry rojo tailandés
- ¾ cucharadita de curry en polvo
- 1½ cucharada de piñones
- ¾ cucharadita de semilla de cilantro (coriandro)
- ½ cucharadita de comino
- 1 cucharada de aceite de cacahuate o de coco
- 1 cucharadita de ajo prensado
- ½ cucharadita de jengibre rallado
- ¾ de cucharadita de pasta de curry tailandés rojo
- 1 cucharadita de salsa de soya
- ½ taza de puré de tomate
- ¾ taza de leche de coco

Pargo
- 2 huevos batidos
- ½ taza de harina
- 100 g de nuez de macadamia triturada gruesa
- 60 g de panko
- 6 filetes gruesos de pargo de 120 g
- Sal
- Pimienta
- 300 g de espinaca baby

Salsa frutal
- 2 tazas de mezcla frutal deshidratada
- ½ chile jalapeño picado finamente
- ¼ taza de cilantro picado
- ½ cebolla morada rebanada finamente
- 2 cucharadas de vinagre de arroz
- 1 cucharadita de salsa de pescado

Jengibre frito
- 6 cucharadas de jengibre rallado
- 1 taza de aceite de cacahuate

PREPARACIÓN

Curry rojo tailandés
1. Coloca una sartén pequeña a fuego bajo y tuesta ahí el polvo de curry, piñones, semillas de cilantro y comino hasta que desprendan aroma, aproximadamente 2 minutos.
2. Muele las especias en un molino de café hasta que queden polvo. El molcajete funciona muy bien.
3. Vierte a una sartén el aceite y agrega el ajo, jengibre, la pasta de curry y el polvo de las especias que preparaste, dóralas ligeramente, incorpora la salsa de soya, puré de jitomate y la leche de coco.
4. Deja hervir 5 minutos más, prueba y rectifica el sabor.

Pargo

1. Pon en un tazón los huevos batidos, en un plato plano la harina, en otro plato combina nueces y panko.
2. Salpimienta el pescado, enharínalo por ambos lados, pásalo por el huevo y presiónalo ligeramente en la mezcla de panko con nuez. Asegúrate de cubrir ambos lados del filete. Repite la misma operación con todos los filetes.
3. Calienta el aceite y dora los pescados a fuego bajo durante 4 a 5 minutos de cada lado, el tiempo de cocción depende del grosor del filete.

Salsa frutal

1. Mezcla todos los ingredientes en un tazón y reserva.

Jengibre frito

1. Macera el jengibre en el aceite toda una noche, cuela y calienta el aceite. Cuando esté caliente, fríe el jengibre hasta que esté crujiente y sécalo con toallas absorbentes.

MONTAJE

1. En el centro de cada plato vierte un espejo de curry, en medio el pescado, encima la salsa frutal y la espinaca baby. Espolvorea jengibre frito alrededor del plato.

Timbal mestizo

Este es un postre con sabor de abuelas y madres de antaño, que utiliza elementos que la memoria colectiva no olvida jamás. Es la suma del gusto tradicional de Tepic con una presentación moderna. Marco Valdivia, chef de Emiliano, juega con texturas, colores y notas de sabor que se perciben desde el primer "cucharazo": la suavidad del requesón, la textura crocante de la nuez y el dulzor de la calabaza, potenciada con la acidez perfecta y discreta de la granada, hacen de este postre un exquisito manjar. Emiliano, comida y vino comparte esta delicia tepicense.

INGREDIENTES

- 500 ml de agua
- 100 g de piloncillo
- 3 piezas de clavo
- 1 rama de canela
- 1 tubo de acero inoxidable o PVC de 8 cm
- 240 g de requesón
- 60 g de nuez finamente picada
- 360 g de calabaza enmielada hecha puré
- 1 granada

PREPARACIÓN Y MONTAJE

1. Hierve en el agua, el piloncillo, el clavo y la canela hasta que el piloncillo se derrita. Reserva en un recipiente para posteriormente utilizarlo tibio.
2. En un plato hondo coloca el tubo en el centro, primero rellénalo con el requesón, la nuez y finalmente la calabaza formando tres texturas. Retira el tubo y añade a los costados la preparación de piloncillo.
3. Termina el postre decorando con la granada en todo el plato y un toque de yerbabuena.

Pay de plátano con crema de vainilla

Este es un postre que comparte el restaurante Don Pedro en Sayulita.

INGREDIENTES
- 2 recetas de masa para pay (ver página 68)
- 3 plátanos
- ½ taza / 100 g de azúcar
- 1 soplete de repostería

Crema de vainilla
- 12 yemas de huevo
- ½ taza / 100 g de azúcar
- 1 ℓ de crema para batir
- 1 vaina de vainilla

PREPARACIÓN
1. Para la elaboración de la crema sigue el procedimiento del atole del ante (ver página 237).
2. Hornea la masa en moldes individuales para pay de la siguiente manera: enharina cada molde, extiende la masa sobre cada uno de ellos, córtala y pon papel encerado sobre ellos, encima pondrás frijoles crudos y hornea esta preparación. Se hace con peso para que la masa mantenga su forma, de lo contrario se va a encoger y será un desastre.
3. Hornea durante 30 a 40 minutos. Quítales los frijoles (que los vas a guardar para uso exclusivo de la repostería).
4. Deja enfriar la masa y después desmolda estas conchas.

MONTAJE
1. Vierte la crema de vainilla en el molde horneado. Coloca encima rodajas de plátano, espolvorea un poco de azúcar y caramelízalo con la ayuda del soplete. Decora con una hoja de menta sobre cada pay.

Invitación

Deseo concluir animándolos a cocinar, en este ritmo deshumanizado en donde para solicitar un servicio vía telefónica te atiende una máquina contestadora tediosa, cuando requieres dinero te lo escupe una máquina y para comunicarte con un amigo será más fácil a través de redes sociales por internet; donde ahora los niños juegan con tabletas electrónicas y se pierden del disfrute de experimentar con texturas, de desarrollar el olfato al inhalar aromas distintos, de sentir lo mojado, lo húmedo, los golpes del contrincante, por pelear con un opositor cibernético. Encuentro en el acto de cocinar un reducto humanizante, donde el actor debe excitar los sentidos, olfatear las hierbas, carnes, pescados, frutas; ver su color, forma, hacer una composición en el plato final; tocar las texturas, sentir si están suaves, firmes; oír el crujir del aceite, lo crocante de una tostada y probar todos los elementos individualmente y la unidad que han formado.

Al menos una vez al mes disfruten de cocinar, elijan una receta, relájense, tomen alguna bebida espumosa, bajen la intensidad de la luz, amasen, corten la fruta o verdura, hagan un pastel, una carne o un pescado. Los invito a tocar, oler, ver, probar, sentir, generar un ambiente de convivencia en donde todos sean actores. Hagan partícipes a sus hijos.

Recordemos que comer alimenta nuestro cuerpo, de lo que comemos depende nuestra salud, así como comer alimenta el alma.

Alondra Maldonado Rodriguera

Índice

Ingredientes: elección nayarita

Productos elaborados

Recetas

Se imprimió en el mes de diciembre de 2015
en los talleres de Offset Santiago.